こころに響く話し方

青木仁志

ACHIEVEMENT PUBLISHING

本書は２０１１年10月に小社より刊行された
単行本を加筆・再編集したものです。

文庫版刊行によせて

人間とは人の間で生きていく存在。人の力を借りられる人間が豊かになっていく。一見ラクなのは指示待ちで、責任をとらないポジションに自分を置くことである。人から言われたとおりに動いていれば責任は発生しないが経済的な豊かさもない。いかに責任の取れる人間になれるかが能力開発のテーマである。

魅力的な人間は、与えることをつねに考えて、自分の願望を叶えてくれることを望みにしてくれる豊かな心の持ち主と言える。心豊かな人が経済的にも豊かになっていく。

豊かになるために、自分に得になるようコミュニケーションしたり、相手を操作しようとする人間の話は響かない。人間は自分に関心がある生き物だ。相手に関心をもった話ならば共感して聞いてもらえる。

人の上に立てる、リーダーになれる人間は、人と仲良くすることのできる人間である。相手に役立てる人間になるときに自分は相手に対しての影響力を発揮できる。

他の人と協力してよりよい成果をつくる。その尺度が経済的な豊かさになっている。もちろん、どれほど人を動かす達人でも失敗は必ずある。なぜなら、つねに高みをめざして挑戦しているからだ。自分のできる範囲内なら失敗はない。ただし、高得点もない。

人と比べなくてもいい。自分自身の最高得点をめざして、愛をもって生きてもらいたい。それが人を動かす秘訣である。

はじめに

プロスピーカーの世界に入って、早くも四十年の歳月が流れた。

「歳月人を待たず」「光陰矢のごとし」というが、月日がたつのは早いものである。この間三十四万人を超える人に、わたしなりのメッセージを伝えてきた。


わたしの職業はプロスピーカーである。

プロスピーカーの生命線は「伝達力」にこそある。

世の中には、話すべき情報をもっているのに自分の意図がうまく伝えられない人が大勢いる。自分の気持ちや考えをうまく相手に伝えられずに悩んでいる人、さらに上手に伝えようと秘訣を模索している人のために本書を記した。

人生の成功や幸福は、コミュニケーション力にかかっている。人とうまくやっていければ、九分九厘成功したと言えるだろう。

現実の社会を見ると、多くの人が人間関係に悩んで不幸な選択をしている。

わたしはこの本にコミュニケーションの基本的ノウハウや意思疎通の技術として「伝える技術」「伝わる技術」をまとめた。内容は、実体験から自分なりに培ってきたものだ。

人を生かす言葉があり、人を殺す言葉がある。言葉を制することができれば、人生を思いどおりにデザインできるのだ。

勘違いしてはならないのは、「誰が」その言葉を使っているかだ。聞き手にとっては、内容以上に話している人物そのものが重要な意味をもつ。

ゴルフを一度もやったことのない人から、ゴルフを学びたい人はいない。英語のできない人から英語のレッスンを受けたい人はいない。同じようにセールスのできない人に、セールスを学びたい人はいないだろう。

言葉は、単なる音でもある。「虚」とも言える。

しかし、実際に成果を出したキャリアをもつ人が話すと、言葉は「実」として生まれ変わり、伝わっていく。

たとえば、タイガー・ウッズがゴルフレッスンをすれば、その言葉は聞き手からは自分の求める技術に対して〝千金の値〟になる。もはや、話術の良し悪しなど関係ない。ここがポイントだ。

わたしの職業は言葉を道具とすることで成立している。自己開発とセールス、セールスマネジメントのトレーニングで飯を食べてきた。

結果として、多くのプロセールス、マネジャーやスピーカーをめざす人、経営者、専門職業人が集まってきてくれる。

本書では、わたしの四十年の経験から築き上げた「伝える技術」「伝わる技術」を言葉ではなく、文字を通してお伝えしていきたい。

目次

第二章

「伝達力」があれば どんな場面でも緊張せずに話せる

第三章 「伝達力」でコミュニケーション能力を飛躍的に高める

「伝達力」を高める〝一〇のポイント〟

文庫版新章

実践！　こころに響く話し方

第一章

コミュニケーション能力の差は人生格差だ

伝達力で人生は切り拓かれる

「社会に出て成功する子は、読み書きや勉強ができるとは限りません。友だちと仲良くでき、チームをまとめ上げるコミュニケーションスキルに秀でた子のほうが断然多いですね」

ある幼稚園でベテランの先生から聞いた話だ。しみじみ「ああ、そのとおりだな」と思った。

わたしの人生も人とのコミュニケーションによって、切り拓かれていったからだ。決して勉強がよくできる子ではなかった。家庭環境が複雑だったため、勉強どころではなかったと言ったほうがいいかもしれない。

朝早くから新聞配達をし、昼間も家庭の事情からくる寂しさで、勉強よりも遊び友達と一緒にじゃれながら過ごす時間のほうが多かった。夕方になればまた新聞配達……。

それが「人に気持ちを伝える」「人の気持ちを汲み取る」という〝心の機微〟の成長にかなり役立った。

「相手を喜ばせたい」「人の役に立ちたい」「目の前にいる人を幸せにできないだろうか」、つねにそうした相手を慮《おもんぱか》る気持ちを大切に生きるようになり、結果的に多くの協力者を得ることにつながった。

人材教育コンサルティング会社を興して二十九年、人材育成トレーナーとして延べ三十四万人以上へ研修を提供してきたが、その根幹こそが本書のテーマである「伝達力」にある。

伝達力とは〝人に何かを伝え、人を動かす力〟と言い換えることができる。もしくは〝人と力を合わせて物事を成し遂げていく力〟と言ってもよいだろう。

十代から社会に出て、プロセールスマンとしてのキャリアを積み、周りの人よりもたくさんモノを売ることができたのは、セールス活動のなかで、「伝える力」「説得力」「人を動かす力」に長けていたからだ。

そして、トップセールスマンになり、最年少でセールスマネジャーにも抜擢された。そのときから自分の知識、技術、経験を部下に伝えるという段階に入ったのである。

そこでわたしは、メンバーが「会社」「商品」「職業」「自分」の四つに対して絶対的な自信をもてるように、毎朝七時から自分の経験や成功の原理原則を話し、セールスの成功に不可欠な心構えをつくるためのトレーニングをした。セールス活動を終えたメンバーには個別に毎晩遅くまでフォローのカウンセリングもおこない、その後も一人オフィスで深夜までトレーニング原稿をつくり続けた。いわば、メンバーに対して「この仕事を通して成功することができる!」という確信を売っていたとも言い換えられるだろう。

当時、勤めていたブリタニカは一四二ヵ国に販売組織を構え、成績も世界規模でカウントしていた。毎日三時間近いトレーニングを続けたことでわたしの〝伝えるための〟技術は自然と高まり、国際新人賞（ニューキャリア・アワード）という世界一のタイトルを取るセールスパーソンを二人育成することができた。また、世界第二位、第三位を取るメンバーも続々と輩出して、マネジャーとしても栄えあるタイトルを獲得できたのである。わたしは良きセールスマンであったからこそ、最良のマネジャーになれたと思っている。

〝人を動かす〟ための原則は**伝えたいことに対して一〇〇パーセントの確信をもっている**ことだ。

そして「この人は感じのいい人だな」「わたしの人生の質を高めてくれるかもしれない」「この人のアドバイスは信用できそうだ」など相手に好

感を抱いてもらうことである。

そこから信頼関係をつくることができれば、しだいに「信用力」が付き、協力者になってもらえる。

そこまで到達しなければあなたの伝えていることは「話力」のレベルであって、「伝達力」が発揮されているとは言えない。

「伝達力」は目に見えないため、説明するのは非常に難しいが、この「話力」と「伝達力」の違いを解明しようというのが本書の試みである。

たとえば、医者は必ずしもプレゼンテーションの達人とは限らないが、多くの患者は、あらゆる医者の申し伝えに「YES」とうなずく。医者という職業そのものに「わたしのことを守り、問題を解決してくれる」という絶対の信頼と前提があるからだ。

相手の立場に立って、問題解決しよう、相手の願望を叶えよう、喜ばせてあげようという相手中心のものの見方・考え方が「伝達力」のあるコミユニケーションの本質にある。

「何事でも、自分にしてもらいたいことは、ほかの人にもそのようにしなさい」という〝黄金律〟は新約聖書の言葉だが、これこそがコミュニケーションの基本的姿勢だと思っている。

黄金律をほんとうに実践できている人で、貧しい人生を送っている人はいないだろう。誰でもコミュニケーションの能力を磨くことで、物心ともに豊かな人生に入っていくことができるのだ。

一人の人間にできることは限られている。どんなに多くの知識があっても、高い技能があっても、人と力を合わせることができなければ、不平・不満・不信という「不」が重なり、結果として不幸な人生に陥っていく。

「話力」とは「人間力」そのものなのである。

繰り返すが、相手に対する思いやりからコミュニケーションはスタートする。このことをぜひ、心に留めておいてほしい。

よく「伝えたいという思いはあるのに、半分しか聞いてもらえない」と悩んでいる人がいる。

「伝える」という行動は、言葉を羅列することではない。相手の求めているものに焦点が当たって、はじめて「伝える」という行為が成立するのだ。セールスの世界では、英語で「ノーニーズ・ノープレゼンテーション《No Needs No Presentation》」という言葉がある。「必要性のないところに説明はいらない」という意味である。

だから、話し手は「この人は何を求めているのか」「どうなりたいと思っているのか」と探りを入れながら、相手のウォンツ（Wants＝求めているもの）にフォーカスしてぶれてはいけない。コミュニケーションに問題のある人は、たいてい自分の願望だけを相手に押し付けているものだ。

ところが、「伝達力」のある人は、不要なことは話さない。相手の話をよく聞きながら、自分の伝えたいことと相手の求めているもののバランスを取り、その人の興味・関心のある話題を引き出し、目線に合った話をしていく。

まさしく「人を見て法を説け」なのだ。相手の求めているモノ、知力、経験に合わせなければ、熱意や思いは空回りするだけである。たぎるような思いでいくら話をしても、**相手の器までしか伝わらない**。この単純な原則を知るべきである。子どもとの会話が、それを物語っているではないか。

自分の思っていることを人に聞いてもらいたければ、次に挙げる七つのポイントを踏まえることである。

一．相手の目線に合わせた話をする

二．相手のウォンツに合わせた話をする

三．相手の目を見て話す
四．伝えたいことと、相手が求めていることは違うと知る
五．立て板に水のような一方的な話し方をしない
六．理論的に話す
七．たとえを使ってイメージしやすく話す

以降の章でも詳しく説明するが、この七つのポイントこそ伝達力を手に入れるための大原則だ。


次に相手のウォンツを知る手がかりを書いておこう。

「刺激反応理論」という心理学がある。これは、「脳の外側からの情報が人を動かす源である」という考えがベースにある。

一方、当社の研修でも基礎理論となっている「選択理論」の提唱者であるアメリカの著名な精神科医ウイリアム・グラッサー博士は、「脳の内側にある遺伝子からの指示を満たそうとして人は行動を起こす存在である」と述べている。博士によれば、その遺伝子は「**五つの基本的欲求**」に分類されるという。これは指でおぼえるのがわかりやすい。

親指「**生存の欲求**」
健康や身の安全、長生きの願い、病気をしたくないといった五つのなかで唯一、身体に関する欲求

人差し指「**愛・所属の欲求**」
愛し愛されたい、人として仲間に所属していたいという欲求

中指「**力の欲求**」

人としてのステータスや重要感、認めてもらいたい、他人や物事を自分の思いどおりにコントロールしたいという欲求

薬指「自由の欲求」

人から束縛されたくない、心の解放、経済的自由、ほんとうの意味での自由を人生に求めること

小指「楽しみの欲求」

喜びや楽しみ、遊びや趣味、知的な欲求もここに含まれる

これら「五つの基本的欲求」が遺伝子から湧き上がるものだと考えてもらえればわかりやすい。誰でも生まれながらにもっている欲求である。

そして、人は、これらを満たす人、物、状況、理想や価値観、宗教観な

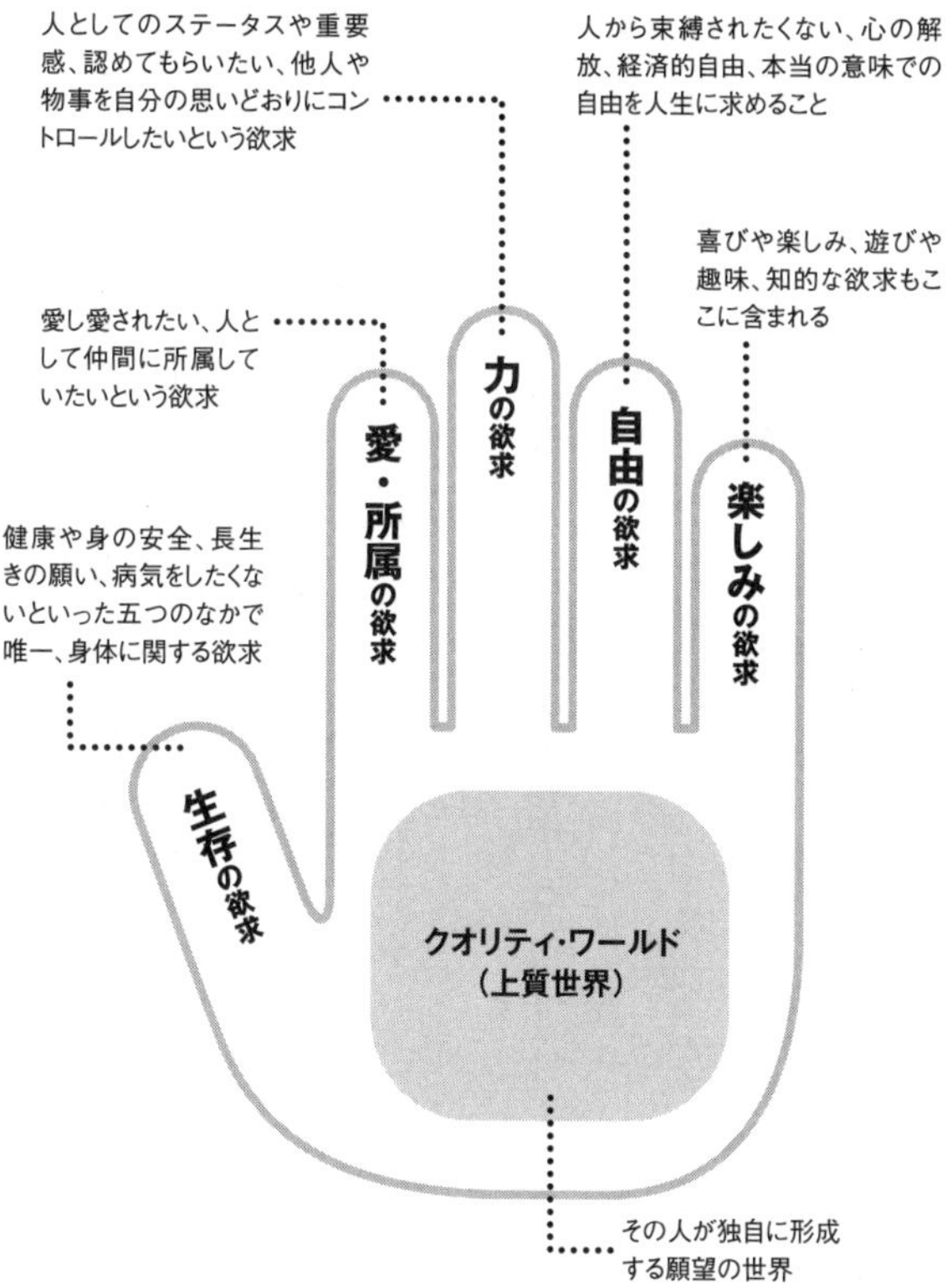
人としてのステータスや重要感、認めてもらいたい、他人や物事を自分の思いどおりにコントロールしたいという欲求
人から束縛されたくない、心の解放、経済的自由、本当の意味での自由を人生に求めること
喜びや楽しみ、遊びや趣味、知的な欲求もここに含まれる
愛し愛されたい、人として仲間に所属していたいという欲求
力の欲求
愛・所属の欲求
自由の欲求
楽しみの欲求
健康や身の安全、長生きの願い、病気をしたくないといった五つのなかで唯一、身体に関する欲求
生存の欲求
クオリティ・ワールド（上質世界）
その人が独自に形成する願望の世界

どのイメージを脳の中に蓄えながら成長していく。それが「**クオリティ・ワールド（上質世界）**」と呼ばれる、その人が独自に形成する願望の世界だ。基本的欲求を五本の指でおぼえたように、手のひらでおぼえると理解しやすい。

人はこの「上質世界」にあるもの、願望に関係するものにしかほんとうの関心を寄せないので、相手の上質世界にないものをいくら熱弁しても効果はない。

逆に相手の願望にあるものを会話や話題の中心に置けば、人はどんどん惹きつけられていく。

ただし、それを別の側面から考えると「メリット」「デメリット」と言い換えることができる。人は、その話が自分の上質世界を満たすために役立つか、メリットがあるかどうかを瞬時に判断しながら聞いているものだ。

また、「このままなら問題が起きるだろう」「損失が起こる可能性がある」という身の危険に関する話にも真剣に耳を傾ける。

わたしは、この心理学を踏まえたうえで、プロのスピーカーとして次の五つに気を配りながら話をしている。

一．相手の願望に焦点を当てた話をする
二．「人の左脳は論理を司り、右脳はイメージを司る」ということをつねに意識する。人は耳で言葉を聞いているが、換言すれば脳にその状況を映し出すために聞いている。イメージが湧かない話をしても、人を動かすことはできない
三．相手に共鳴・共感してもらうために自分自身が話の内容を熟知しておく
四．話題の選択や配列を誤らない
五．自分の感動を素直に表現する

この五つを押さえて話ができるようになれば、人は必ず動いてくれる。**人は自分に関係のない話に興味をもたないし、一切関心を寄せない存在である。**この事実を充分に理解してコミュニケーションすることが「伝達力」の秘訣だと述べておきたい。

伝達上手になる極意

コミュニケーションが上手にとれないという人に、ぜひチェックしてもらいたい七つのポイントを挙げる。もし、このなかのひとつでも思い当たることがあれば本書を熟読して改めてみてほしい。まるで霧が晴れるように、相手の顔色が変わってくるはずだ。

チェックポイント❶「同じ目線で話す」

人を見下した表現を使えば言うまでもないが、上から目線や高飛車な心構えは、言葉に出さずとも伝わってしまうものである。少しでもそうした気持ちがあれば「この人は熱心に話をしてくれているが、どうも癇に障る」と感じられて、聞き手と心の壁ができてしまうことになりかねない。

チェックポイント❷「話すときの癖をチェックする」

「無くて七癖」と言われるほど、どんな人にも多種雑多な癖がある。もしかしたら自分でも気づかない癖が、物事が正確に伝わらない原因になっているかもしれない。

言葉の合間合間に「あー」「えー」などと入れたり、〝言葉の癖〟というのは誰にでもある。癖が耳障りかどうかを知り、問題があるなら改善しよう。自分のプレゼンテーションを録画・録音し、客観的に聞いてみてほしい。意外な癖にはっとするかもしれない。

チェックポイント③「間の取り方」、「話す速度」

プロのスピーカーは、一分間に三七〇語くらいの速度で話している。少しゆっくりめで三二〇語くらいである。一分を測って話し、それを原稿に書いて文字数を数えてみるといいだろう。四〇〇字詰めの原稿用紙が多少残る程度が理想だ。わたしもこの方法で話す技術を磨いてきた。

チェックポイント④「相手の目をしっかり見て話す」

「聞き手と目をつなぐ」と言われるように、必ず相手の目を見て話してほしい。目を見て話せば、相手も真剣になる。

わたしが若いころに読んだセールスの本に、「目を見て話すと敵意が伝わるから、鼻を見て話すといい」と書いてあり、思わず吹き出してしまった。

成績のいいセールスパーソンなら、鼻を見たクロージングで「YES」にならないことが理屈なしにわかるはずだ。クロージングでは、相手に対する思いやりをもち、目をしっかり見て心から話さない限り伝わらない。熱意が伝わってこそ「YES」と動くのだ。

あなたがもし営業職ならば、鼻を見てクロージングをかけてみればいい。相手は「……鼻毛でも出ているのか？」「鼻に何かついているのではないか……」と、あなたの目線に気づいた途端に気になりだし、完全に上の空になってしまうだろう。

人間と人間とは、真正面から目と目を見て、コミュニケーションをとる存在である。わが子に対して目を見ずに話す親がいるだろうか？　恋人に対して目を見ずにプロポーズする人がいるだろうか？

聞き手とは必ず目をつなぐ。それによって誠実さも伝わっていく。

チェックポイント5「落ち着いた親しみのもてる態度」

話し手のほうが緊張して手持ちぶさたにモノをいじり回したり、落ち着きのない態度で話していたら相手にも伝染する。相手は腰を据えて話を聞かなくなってしまう可能性がある。親しみのもてる態度は簡単だ。まずは、心からの微笑みひとつでいいのである。

チェックポイント6「座り方」

じつは座り方を意識している人はあまりいない。あなたはどうだろう?椅子の三分の一くらいのところに腰を掛けて、**やや前傾の姿勢**で話をするといい。深々と腰かけてふんぞり返ったり、足を組むのは、よほど気持ちを許した人以外にはすべきではない。前傾の姿勢でこそ〝氣〟が入る。

立って話をする場合にも、わたしは足の裏全体ではなく前部分に六割程度の重心をかける。そのほうが氣の流れがよくなることを実体験として知っているからだ。

チェックポイント⑦「自分自身を示す言葉に否定的な表現を入れない」

これが意外と知られていない。結婚式であいさつを頼まれた人が「新郎の叔父にあたる○○でございます。わたしは、話をするのが大の苦手でございまして、自称〝日本一話の下手な男〟と……」と言い訳めいたことを延々と話したあと「ご指名でございますので一言、お祝いの言葉を述べさせていただきます」と話し出す。八割方ネガティブな話が出たあとに祝っても、聞いているほうはイライラしっ放しである。

このようなときは「新郎の叔父○○でございます。○○くん、おめでとう！　わたしはほんとうに心から喜ばしく思います……」と、ストレートに自分の感動を伝えていくほうが聴衆はグッと惹きつけられる。謙遜が否定的な表現としてとらえられてしまう。あなたにも心当たりはないだろうか？

相手のために話す

わたしは二万人の前で講演したこともある。「青木さんはアガらないのですか？」という質問を受けるが、プロのスピーカーにとっては二万人の前も一人の前も同じだ。

話をするときには、人数に関係なく相手中心であること。ひたすら、その点に集中していく。ひとたび話し始めれば人数は関係ない。無意識の世界に入っていく。伝えたいことを明確にし、これまで蓄えてきた経験、いまあるものすべてをストレートに表現していく。根本は、目の前の人のために何を伝えれば一番喜ばれるかというピュアな思いだ。

自分自身に氣が向けば——つまり、「うまく話したい」「よく思われたい」と考えると緊張につながる。自分の内に向かうちっぽけな氣を解放できれば、まっすぐに話が伝わっていくはずだ。

「伝達力」をいち早く身につけるためには、**相手の望みを叶えることを自分の望みとする**ことである。

「『自我の壁』を破りなさい」とわたしはよく言う。

緊張やアガりを防ぐためには、自我を捨て、フォーユー《For You》の精神で話をすればいい。言葉は道具であり、話は目的のための手段に過ぎない。

「行動に移してもらうことが目的なのか」

「伝えることが目的なのか」

「自分自身が何かを話すことが目的なのか」

それぞれの目的に対して、話の組み立ては変わって当然だ。

セールスパーソンならば、最後は商品を購買していただけるようにプレゼンテーションを組み立てる。相手の行動《アクション》があって完結するのである。「伝えることが目的」であれば、情報を正しく伝えることに努め、最終的に相手が「理解した」という確認が必要になる。ニュース番組では、アナウンサーが事実だけを主観を入れずに伝えていく。限られた時間のなかで、正しい話し方、正しい日本語で、確実に情報伝達することがアナウンサーの仕事だからだ。

話の組み立てだけでなく、スタイルも変わってくる。わたしは講演家として話をするときには、ステージに演台を置かないことが多い。場を広く使って身体全体で語る。いわゆるパフォーマンスの形態をとって聴衆のモチベーションアップを目的にしている。

ところが、トレーナーとして話す場合には、プロジェクターなどを使いながら、モチベーション向上だけに焦点を当てず、理解度の向上を目的として話を組み立てていく。ノウハウだけに留まらず、ドゥーハウに焦点を当てたトレーニングを心がけているのである。

このように、目的によって話す側の意図も変われば、意図によって表現も変わる。大前提は伝えたいことが明確なことだ。

雑談以外で人に話をしようとするときには、段取りをよく考える。つまり、話すことと話さないことをあらかじめ決めておくのだ。的を絞るためにも結論から入り、「なぜならば」と展開していくと聞き手はストレスを感じない。

ところが、「この人は何を話したいのか全くわからない」と先が見えないまま話を続けていくと、聞き手のフラストレーションは溜まるばかりである。

仕事でもデキる人間は、次のように報告する。

「まず、結論から言えば○△×です。そこには三つのポイントがあります……」

しかし、報告ひとつでも一体何を言いたいのかわからない人も多い。延々と経過を話し、ようやく「結論はこうなりました」と言って憚《はばか》るところもない。

人は**「落とし所」が見えてから話を聞くのと、「落とし所」が見えないまま話を聞くのとでは意識のもち方がぜんぜん違う。**これは、とくにセールスパーソンのプレゼンテーションにとって重要な意味をもつ。顕著に出るのは「利点」を売るセールスである。

特質と利点の違いで伝達力も変わる

「特質」と「利点」の違いを述べておこう。

「特質」とは、その商品がもっている特長であり、機能や性能、仕様といった客観的事実とも言える。

「利点」とは、「ベンツ」でイメージするなら「ステータス」や「安全性」がそうである。仕様書にはなかなか表せない部分だ。「ベンツ」に乗っているだけで、「この人は成功者で、有能な人物に違いない」と思われることが多い。能力と経済力が同等に見られるのだ。「ステータス」を重んじる人が乗りたがる車の代名詞が「ベンツ」になる所以である。

「もし、どんな車でも自由に手に入るとしたら、何を選びますか?」

「ベンツだね」

こう答えた人の願望には間違いなく「利点」が入っているだろう。

ところが、デキないセールスパーソンは、いきなりこんな説明を始める。

「たとえば、ベンツのエンジンは『V12』なので、たいへんにスムーズかつ余裕をもったパワーがありますから、静かに、時にはダイナミックに走ることができます」

「特質」である特徴や機能をいくら説明されても、ベンツの「利点」が願望にある人には響かない。願望と利点をひとつにしていくのがセールスの極意だ。プロのセールスパーソンほどニードの喚起をおこない、必要性をことさらに強調していく。

たとえば購入を検討している経営者には、「もし事故に遭われて長期入院を余儀なくされたら、会社にはどれほどの影響があると思いますか?」といった話をする。すると、「ベンツ」に対する投資が、会社を守るという観点から自己正当化できるようになるのである。

それでも踏みきれないお客様なら安全性にプラスして、いままで努力をしてきた自分に対するご褒美という観点で、「人の目を気にせず、ベンツに乗れる人物になったことをご自身で承認してください」と言う。すると、相手の自尊心はグッと高められるだろう。

「そうだね。クラウンにしようかと思ってたけど、熱心に勧めてくれるし、うちの会社も創業二十年もたっているんだから、ここらで『ベンツ』でいくか」ということになる。

伝達力を高めるためには、相手の求めているものを見極めて、そこから話を始めよう。

次頁の図を見てほしい。何も隠されていない「あみだくじ」があったとする。「当たり」から上に辿っていくことができれば、誰でも一〇〇パーセント当たりクジを引くことができる。プレゼンテーションも、最終的な

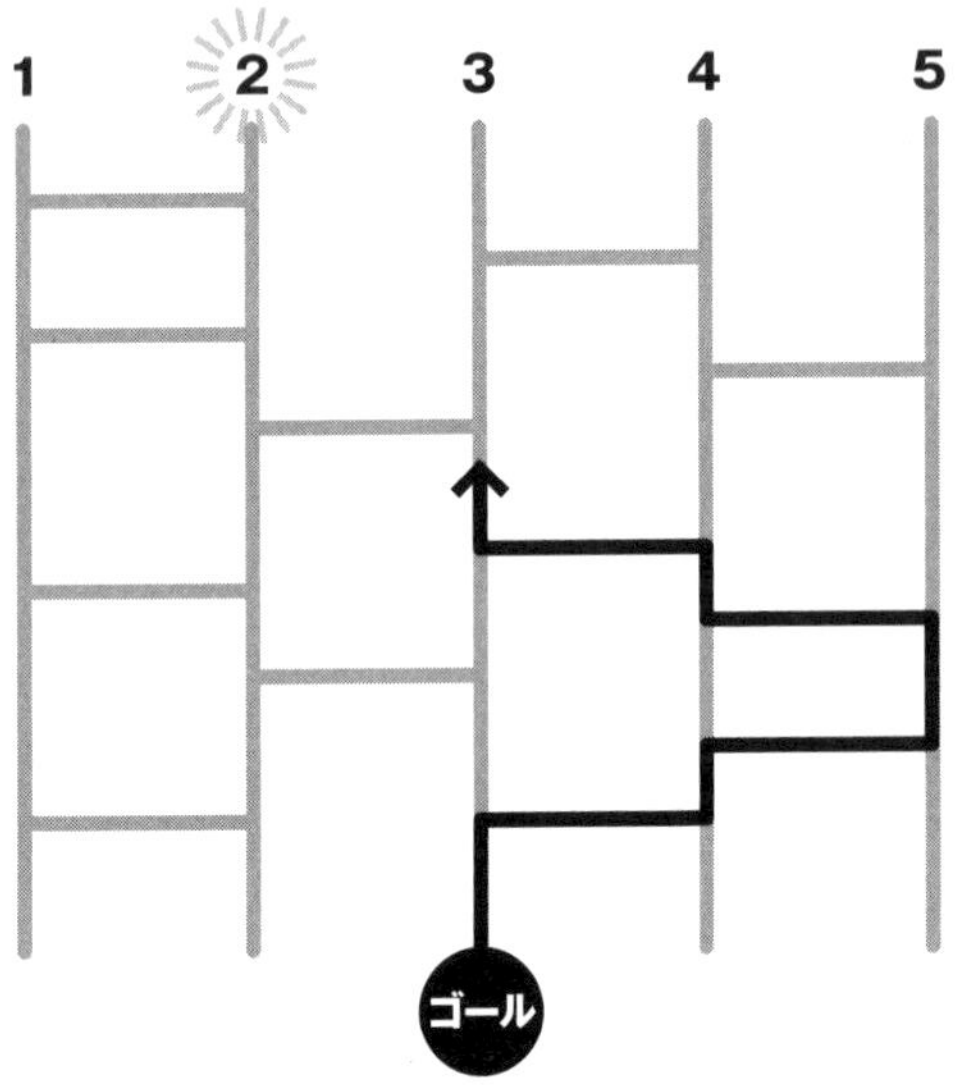

ゴールから逆算することでプレゼンテーションの目的も果たせる

ゴールから逆算して話さなければ目的は果たせない。

「判断・選択・責任」という言葉をわたしはよく使うが、要するに**「判断」の基準を上げることが「伝達力」の達人になるための極意なのだ。**

将棋の名人は勝負をほとんど序盤、遅くとも中盤で決めてしまう。終盤になってからあわてても勝ち目がないことを知っているからだ。プレゼンテーションも同じである。つねに求めるものから逆算して、事前にしっかりと段取りをする。目的から逆算して話を進めることである。

理解しなければ、人は動かない

「起・承・(転)・結」はあらゆるストーリーの構成に適応される。

手紙を書くときにも、あいさつや序文、前文に始まり、ほんとうに自分が伝えたい本文があり、最後にまとめの言葉が述べられる。「漢詩」や「四コマ漫画」も同じような流れに沿っている。セールスの場合なら、始めに注意、興味があってグッと惹きつけ（起）、次に購買意欲（承）を起こさせ、連想から最終的には決断、行動（結）にもっていけるように働きかける。

わたしの仕事「人材教育」でも同じだ。「導入」があり、必ず「適用」へと続く。最後に行動したあとの「評価」がなければならない。これを念頭に置いて話せば「伝達力」は強くなる。

話の長さは関係ない。十分であろうと、三日間に渡る研修であろうと、「起・承・（転）・結」を組み立てて話をする。

わたしが二十五年間続けている研修は、初回に三日間の研修を受けたのち、三ヵ月毎に再受講していただくプログラムになっている。同じ研修を三ヵ月に一度、三日間受ける必要があるのだが、累計で二万名以上の方々に受講していただいている。

時間もお金も大きな投資となるこの研修に、なぜこれほど多くのお客様が来て下さるのか。答えは明瞭である。**「目標達成の技術」**を学べるからだ。この講座から多数の業界でトップセールスになった人、トップマネジャーになった人、ベンチャー企業の経営者になっていった人たちが生まれ、口コミ率も八割を超えている。

わたしは、核となる部分を変えずに毎回話題や話材の配列を変えながら、飽きないように再受講してスキルを高めていただけるよう配慮している。

繰り返すが、自分自身が何を話したいかではなく〝何を伝えたいか〟に焦点を当てれば必ず相手は動き出す。それが成果につながる。言葉は人を動かすことによって成果を生み出す手段なのだ。

「目に見えないものが、目に見えるものをつくっている」

三国志でおなじみの諸葛孔明しかり、軍師と言われる人たちは皆、言葉によって国の軍を動かしてきた。大統領のすばらしい演説は歴史的に語り継がれている。

言葉には大きな力がある。イメージも湧かず、論理性に乏しい話をしても相手には伝わらない。一例としてわたしの研修を題材にした論理とたとえが織り成す話の進め方を見ていただこう。

セールスの現場で「いまは結論が出せない」と言うお客様がいる。そんなとき、わたしは「よくわかります」と、まず同意する。そして、「いままで担当してきた多くのお客様も最初はそのようにおっしゃいました」と述べたのちに次のようにつなげる。

「ですが、最後までわたしの話を聞いて下さった方は、皆さん一歩を踏み出して下さいました。その理由を説明させて下さい」

もう一度ニードの喚起や必要性の話を伝える。費用対効果の面からも、投資金額よりも多くのメリットがあることを納得していただけるよう説明を重ね、最後にこう言う。

「わたしはどちらでもかまいません。ご自身でお決めいただきたいのです。ただし、三つのポイントをお忘れにならないで下さい。

第一は〝決断の質と時間の長さになんの関係もない〟ことです。良い決断は、本質的にご自身の〝内なる声〟に従うことです。

第二は長期的な視点に立った決断です。今回はどうでしょうか？　これから先、永久に一歩を踏み出すことはないのか、それともいつかは一歩を踏み出していただけるときが来るのか？　お客様にとって『能力開発研修』はこれから先も必要ないのか、物心ともに豊かな人生を送るために目標達成の技術を身につけておくべきなのか、よく考えていただきたいと思います。

第三は客観的、複眼的な視点に立った決断です。たとえば第三者的にお客様のご友人に『能力開発研修』を受けようと考えている人がいたら、お客様は反対しますか？　賛成しますか？

この三つを考えていただくと答えが出るのではないかと思います。……今、お顔を見ていますと結論は出たようですね……。どうぞ、こちらが申込書です」

論理的にかつ、友人などのたとえを交え、身近な話題でイメージが湧くように話を進める。これが、押し付けがましい印象を与えずに説得から納得へ導く、プロの落とし込み方法である。

雑談とプレゼンテーションの決定的な違い

雑談の目的は単純に会話を楽しむことにある。相手の話に合わせていけば、会話はずっと続いていく。どんなに話が分散したとしても、飛んだとしても、相手の話に焦点を当てていれば会話として立派に成立する。

ところが、プレゼンテーションやトレーニングとなれば、伝えている言葉はあくまでも手段でなければならない。情報を伝達し、行動に移してもらったり、技術を習得してもらったりするような話し方をする必要がある。最終的に「売上」や「コスト削減」といった具体的な数字で示すことができるものに帰結していかない限り、目的は果たせないのだ。

ビジネスとプライベートは全く違う世界である。すべてがデジタルで表すことができる世界を称してビジネスと言う。経済活動を基本とするから、すべてコストでありパフォーマンスであり、数字である。ビジネスはサクセスに向かわなければならない。最小の投資で最大のリターンを得る。これがビジネスの成果だ。一方、プライベートは幸福《ハピネス》をめざすものである。

だから、プロとアマチュアでは根本的な違いが生まれる。プロは最終的な成果を優先する。アマチュアは今欲するイメージ、今欲する楽しみ、今欲する自分の気持ちを優先する。

雑談や世間話といった一般的な会話とプレゼンテーションの差異は、目的が違うということに尽きる。雑談なら話が散漫でもいいが、プロのプレゼンテーションはあくまでも目的を完遂するために、理路整然としているべきなのだ。

第二章

「伝達力」があれば
どんな場面でも緊張せずに話せる

「アガリ」の恐怖はこうすれば解決できる

第一章でも述べたが、わたしは数万人の前で講演をしてもアガらない。なぜなら、自分自身のことを考えていないからだ。相手のために話をすれば、アガることなどあり得ない。

あるとき、結婚式の司会をしている人が大変緊張していたので、わたしは合い間をみて彼のところに行き、ポンポンと肩を叩いてこう言った。

「大丈夫、誰もあなたを見に来ていないから」

すると彼は苦笑いをし、「そうですね、わたしが主役じゃなかった……新郎新婦が主役ですよね」と平常心を取り戻し、あとの司会をそつなくこなせるようになった。

自意識こそアガる原因なのだ。「うまく話したい」「よく思われたい」という思いが強いと緊張してしまう。

「愛が動くときに不可能は可能になる」とわたしはよく言うが、思いやりをもち、〝相手のために〟という気持ちが一〇〇パーセントになれば、アガり症は自ずと克服できるだろう。

繰り返すが、自分に氣が向かっているあいだは、まずうまくいかない。**素の自分そのままを表現する**ことを心掛けたい。等身大の自分を知るということである。

人は自分がもっている情報でしか勝負できないのだ。

わたしは自分の欠点も弱点もすべて隠すことなく、オープンにするよう心掛けている。生い立ちの不遇や早く社会に出て学校歴がないことも気に留めていない。いま置かれている状況もすべてオープンにして、恥じることなく、平気でいられる。

人からどう思われるかは、一切気にしないからだ。自分で自分のことを知っていれば充分だと思っている。

真のプロは、自分を愛し、自分自身をとても大事に扱っている。人の評価よりも自己評価を大切に生きているのである。自意識を消し去り、そのままの自分で生きるのがほんとうのプロだ。

では、緊張への恐怖はどのように克服すればいいのか。解決策はふたつしかない。

一．すでに述べたように「**氣を相手に向ける**」。自意識を消すこと

二．話すための「**段取り（事前準備）を充分にする**」。自分で〝完璧だ〟と確信できるように準備を徹底すること

百人に一人くらいは、段取りをしなくても天性の資質で話のできる人た

ちがいる。これは天才型の人間だけだ。

さらに言うなら、千人に一人は「口から先に生まれてきた」と言われるような人も存在する。タレントで言えば、明石家さんまさんやタモリさん、所ジョージさん、小堺一機さんといった頭の回転が猛烈に早く、状況対応型でアドリブが効くような、まさに〝地〟で勝負できる人たちだ。

彼らが、アガるなどという状況は見たことがない。自分自身の存在を肯定的に見ているはずだし、意識が視聴者に向かっているということは間違いない。

もちろん、天才と言えどもリハーサルはきちっとしていると思うが、自分の発想で仕事をしているということでもある。

「セールスにおけるクロージングは、学んだ知識を伝えることではなく、自分自身の考え方を相手に伝え、考え方の影響力によりＹＥＳをつくり出していくものだ」

これは、わたしがセールスパーソン時代につかんだ実体験である。その延長線上で自分自身の考え方を述べてきたので、相手が共鳴・共感してくれる伝達力を身につけられたと確信している。

たとえば、マス・プレゼンテーションをするときは、多くの人を前に話すのだから、個人に焦点を当てることができない。そこで対象者の大まかなウォンツ（Ｗａｎｔｓ）、ニーズ（Ｎｅｅｄｓ）はなんだろうと考えてみる。

「物心ともに豊かな人生の実現」というテーマであったり、「どのようにすれば売り上げを伸ばせるか」という話であったりする。誰もが求めているものを題材に使っていくのである。決して個別のテーマにはしないのがポイントだ。

共通のウォンツ、共通のニーズはどんな場面にも存在する。「日本の国をよりよい社会にしたい」と誰もが思っているはずだし、こういったテーマで二十分、三十分話をするのならば大勢が関心をもつだろう。

ただし、いわゆる「青年の主張」のようになり、散漫とした話では興味はもってもらえない。聴衆は「一体どういった分野の専門家なのか」に関心をもって聴いているわけだ。

わたしが話をするときも、当然これまでに培ってきた専門家としてのスキルやキャリア、ノウハウを元に話をしている。法政大学の大学院で経営学についての教鞭を執っていたときは、中小企業経営者として小さいながらも無借金で会社を経営した範囲の中で話をしている。これが、たとえば東証一部上場の「経営学」を教えようとしても全く通用しないだろう。**「餅は餅屋」**の言葉どおりだ。人はキャリアを積んだそれぞれのプロとしての領域を超えてはいけない。自分が立っている位置を見失ってはならないということである。

仮に星野仙一さんが財界人の前で話をすれば、皆が耳を貸すだろう。それはプロ野球の闘将として、阪神を優勝にまで導いた実績があるからである。また、独特なキャラクターのファンも多い。

人が大衆を前に話すとき、あなたは何者かと見られているのである。キャリアの延長線上で話をしているあいだは言葉にも力が伝わるが、キャリアから離れた話をすると一気に失速しかねない。

自分ができる範囲内で話しているときには、絶対にアガることがない。できないことを話したり、知識の受け売りをしたりするからアガるのである。

どんなときでも、自分の得意領域に沿って話を展開する。その準備が大切なのだ。

情報を一〇もって一使い、話に奥行きを出す

三十分の話には二時間の準備が必要だと思っていただきたい。一時間話そうと思ったら四時間は必要である。話す時間の四倍程度の準備時間を目安にすればいいと思う。一日トレーニングをしようと思えば、準備に四日かかるということだ。それくらい時間をかけて情報を集め、しっかりとした仕込みをしなければ、話の厚みは出ない。

わたしは至るところでプレゼンテーションをしているが、ここまでくるのに四〇年以上のキャリアを積んできているのである。

面白いエピソードがある。画家のピカソが名を成してのち、フランスのとあるレストランで食事をしていた。それを見かけたある貴婦人から「ピ

カソさん、はじめまして。お会いできてうれしいですわ。どうぞ記念にこのナプキンにちょっと一筆絵を描いていただけません？　大切にしますわ」と依頼を受けた。

ピカソは「喜んで」と言い、サッと絵を描いてその婦人に差し上げた。するとご婦人は「ささやかですけれどもお礼をしたいのですが、一体どれくらい差し上げるべきでしょう？」と聞いてきた。ご婦人とすれば無償というのは大家に向かって気が引けるところがあったのだろう。

しかし、ピカソはささやかな申し出に対して好意で返そうと思っていたところだったので、少し気分を害し、当時ピカソの絵が評価されていた価値と同じく、冗談半分の思いで「では、これくらいになりますが……」と伝えた。相当な金額である。

そのご婦人は目を白黒させて「あの、失礼ですがピカソさん。わずか一分二分で描いた絵に、その金額はちょっと不当ではないですか？　そんなにお支払いすることなんてできませんわ」とたじろいだ。
そのとき、ピカソはこう言ったのである。
「確かに描いたのは一分二分だったでしょう。ですが、わたしはこの絵を描き、この線を描き出すのに六十年準備をしてきました」

この話はプロのスピーカーにも共通する。**「話力」というのは「人間力」である。**どのような人生を生きてきたのか、そのすべてが言葉の「力」として奥からにじみ出てくるものなのだ。付け焼刃で何かよい話をしようとしても難しい。

まず充分な準備をすること。そして本番では細かなことは考えず、無心で、とにかく伝えきっていくことが重要である。プロのスピーカーとしては、三つの輪を頭に描いて話せばいい。

第一の輪は**マインド（心構え）**である。ポジティブであること。

第二の輪は**ノウハウ（知識）**である。充分な知識がなければ話はできない。

第三の輪は**スキル（技術）**である。

周到に準備し、相手を中心としたポジティブな思いで、いまもっている技術のすべてを出して伝達していく。それこそがプロのスピーカーだ。

話材は日常から収集できる

よくプレゼンテーションをする際に「話すネタがなくて……」と言う人がいるが、話材は何も特別な経験をしなくても日常から収集することができる。

わたしの娘が五歳か六歳のころの話だ。わが家では、クリスマスの時期になるとサンタさん宛にプレゼントの希望を書いたカードをクリスマスツリーにぶら下げるということをしていた。

娘のカードには、たどたどしい字で「ピンクのアイロン」と書かれていた。サンタさんも兼ねているわたしは、必死になってピンクのアイロンを探した。

そのころ群馬で講演があり、時間の合間を縫って入ったデパートの玩具売り場で、ようやくお目当てのアイロンを見つけた。早速購入し「よしよし」といった思いで最上階のレストランで食事をしていると、レジの傍にいた二人組の男性から面白い会話が聞こえてくる。こんなとき、わたしの耳は突然ディズニーの「ダンボ」のようになる。

片方の男性がこう言った。

「おれ、普段はこうやって外でご飯を食べることってないんだよ。だってさ、同じ金払うんなら同じ材料買って家でつくったほうがたくさん食べられるもんなぁ……」

外での食事は浪費と信じて疑わない様子だ。

すると、もう一人がこう答えた。

「おれなんて家では、お茶も飲まないようにしているんだよ。だって、お茶を飲んだら急須洗わなきゃなんないし……。だからご飯もなるべく食べないようにしているんだ。茶碗を洗うのは面倒くさいもんな……」

わたしは家柄がよかったわけではなく、ほんとうに貧しい家庭に育ち、段階を追って自分のステージを築いてきたが、どんなときでも「食」は楽しむものだと思っている。家で食事をするときは、家族団欒の場として大切にしたい。できるかぎり栄養価のあるものを子どもたちに食べさせてあげたいと思うし、和気あいあいとくつろぐ時間でもある。自分のなかで大切にしている価値観だ。

しかし、この二人の会話を聞くにつれ、「世の中には色々な考え方があるんだな」と正直驚き、価値観の違いについて考えさせられた。

見ればそれぞれ三十四、五歳といったところだったと思う。こういった会話をこれからも延々と続けていくのなら、彼らの人生の質は大きくは向上しないだろう。

わたしが言いたいのは生活水準の問題ではない。ちょっとした買い物の合間に物事の捉え方の違いに気づかされたということだ。

いつでもアンテナを張り巡らせて、何気ない会話からも情報を集める。**そこから何を学び、自分の人生にどのように活かしていくか**を考える。これらすべてがわたしにとっては、「話力」を養う栄養分なのである。

「我以外皆師」と言う。よい教師もいれば、反面教師もいる。「伝達力」を鍛えるためには、いつでも学ぶ心をもち、話材を日常生活から拾い上げていく努力も大切だ。

話題や話材は日常にゴロゴロしている。つねにアンテナを高く張り巡らせ、なんでも「感じとろう」という豊かな感性をもとう。

自信をもって話せるネタは誰もがもっている。人前で堂々と話せるようになるには、過去に何かを成し遂げた経験のなかで、一番気分爽快で最高の達成感を味わったことを思い出してみてほしい。

わたしはよく「自分の長所を箇条書きにし、成し遂げた体験を勝利リストにして持ちなさい」と言うが、それが話す自信にもつながるケースが多いのだ。

そして「本心から話す」「やってきたことを誇張せず、そのまま話す」ことである。

誰でも体験してきたことなら自信をもって伝えることができる。繰り返すが、「話力」は「人間力」である。

日々の生活習慣のなかで達成や成功体験を積み上げていくことが、じつは「伝達力」を培う秘訣なのだ。

聴衆の心をとらえる「つかみ」「間」「描写」のテクニック

ここでは聞き手の心をとらえる三つの技術を紹介しよう。

まず話の冒頭——いわゆる「つかみ」で聴衆の心をとらえるには、最初に相手の求めるものをはっきりと伝えて、ポジティブ・アプローチでいくべきだ。

セールスマネジャー時代、新聞募集で採用説明会に来た人を前に話をする機会が度々あった。わたしはこう切り出したものだ。

「皆さん、私たちの会社には三つの〝B〟があります。〝B・igチャンス〟〝Ｂｉｇマネー〟〝Ｂｉｇビジネス〟です。この三つの〝Ｂ〟をぜひ、つかんでください！」

　最初にこう言えば、来た人はグッと興味関心を惹きつけられる。相手が求めているものに対して「それが叶えられる！」と思わせる結論をはじめに切り出すのは、強いインパクトがある。

「お客様はセールスマンの言うことには耳を貸さない。しかし事実には目を向ける」という言葉があるように、具体的な実例から入るのもいい。実証された数値が裏付けとしてあれば人の心をつかみやすくするだろう。

　逆に『ハーバード流交渉術』（ロジャー・フィッシャー、ウィリアム・ユーリー、ブルース・パットン著、金山宣夫・浅井和子訳、ＴＢＳブリタニカ、一九九八年）にあるように、あえてネガティブ・アプローチが有効なケースも出てくる。

　たとえば、自社が誰もが知る有名企業であれば、面接に来た人に対してこういうトークを打つこともある。

「皆さん、本日はよくお越しいただきました。おそらく、会社の人事担当者としてのわたしの口から出る言葉は、『良く言って当たり前だ』程度に感じられると思います。ですから、わたしはあえて今、自社のことを表現いたしません。それよりも、まず皆さんがご自身の目で今日一日この会社を見ていただきたいと申し上げます。そして実際に働いている人や、この会社の事実を確認したうえで、自分自身が生涯働くにふさわしい会社かどうか、判断していただきたいのです」

こういったトークをネガティブ・アプローチと言う。表面に塗工したように良く言うのではなく、逆にマイナスに差し引いて表現する方法である。そういう表現によって「この人は誠実だな。ほんとうのことを言っているな」と感じるのである（よく考えれば「自信の裏返し」でもあるのだが）。

いずれにしても最初の五分が勝負だ。はじめの五分で人の心がつかめたら残りの時間は、大船に乗ったつもりで話せばいい。

ふたつ目は「間《ま》」である。プロとアマチュアの差は、間の取り方でわかる。プロは間を味方にする。

以前、「プロ野球ニュース」の名物アナウンサーで野球解説者の佐々木信也さんが、わたしの研修を受けに来て下さったことがある。

研修といっても、三日間という長丁場である。ようやく研修を終えて一息ついたころ、佐々木信也さんがわたしのところへ来るなり、こうおっしゃられた。

「わたしもプロのスピーカーとして仕事をしていますが、青木さんの間の取り方は絶妙だ。だから三日間も連続して話を聞き続けられるんですね」

大先輩にこのように言っていただいて、心から感銘を受けたことをおぼえている。

わたしは、重要な話をする前に間をおく。すると、会場が一瞬〝しん〟

とする。「次に何を言うのだろう……」と聞き手が興味をもって身を乗り出す瞬間をつくるのである。

相手の集中を引き出し、そこで本質的な話を〝ポン〟と出すのがプロの技術だ。立て板に水のように早く話しすぎると聞き手は疲れてしまうし、ゆっくりすぎると暇を与えてしまう。絶妙な間がポイントである。

しかし、実際にこればかりは何度も練習し、経験を積んでいくしか上達の方法はないだろう。

人は、素直な表現にこそ共感をおぼえるものだ。

最後は具体性と個別性を備えた「描写」である。相手に伝わる話をしたければ、連想を起こさせる描写を考え、五感に訴えるべきである。

たとえば、わたしは自分自身の生い立ちを、よく「話材」に使う。

妹に幼いころの自分について尋ねたことがある。

「お兄ちゃんに対する思い出ってどんなものがある？」

「そうね……。たらいで下着を洗っているとき、割り箸を入れてぐるぐる回しながら、『見てみろ、こうやったら洗濯機と同じようになるんだぞ』って、よく言ってたわ」

わたしは子どものころ、自分で洗濯をして育った。だからこそ自助の精神が養われ、フルコミッションの世界でも身を立てることができたと生い立ちに感謝しているが、たらいで自分の下着を洗濯している子どもというのは、いわば寂しい姿であり、喜怒哀楽の「哀」の感情面に訴える部分がある。

聞き手は、「この人の人生にはそういう面もあったのか……」とリアルな描写と共にイメージを膨らませることになる。

もし、そのような話題に触れなければ「青木さんは大学院の教授もして、本も四十冊以上書いて、きっと裕福で一流大学を出ているのだろう」と勝手に思われてしまうかもしれない。

聞き手の側にはつねに現状から変わりたくない、説得されたくないという言い訳が準備されているものである。どれほど完璧なロジックで話をしていても、相手の心を動かすことはできない。

ところが、この「たらいと割り箸」の話をするだけで、わたしに対する概念がひっくり返り、「人は生い立ちに関係なく、誰でも無限の可能性がある」という伝えたいメッセージを無条件に受け入れてくれるようになる。

裏を返せば、聞き手にとって境遇を理由とした言い訳ができない状態をつくっているのだ。

相手の話を受け入れる準備が整ってから、ようやく理論の構築とプレゼンテーションに入っていくわけである。

これも聞き手の心に伝わる技術のひとつだ。

人を見て法を説け

あるレストランの経営者と話をしていた際に、彼がこうぼやき始めた。

「わたしはもう十年以上もレストランを経営しているんだが、さっぱり儲からない。何かいい方法はないかね？」

「なるほど……。ところで社長。社長のところで出す味は地域で何番目くらいなんですか？」

「そこそこだと思うよ。そんなこといままで一度も考えたことがなかったな」

それを聞いたわたしは、ずばり言った。

「社長、あきらめたほうがいい。あなたは何をやってもほどほどでそこそこの人だ。なぜ『日本一おいしいものをつくってお客様に喜んでもらおう!』と腹の底から思わないんです? お客様に対する思い、真心、思いやりがないところに繁栄などありませんよ」

すると、その社長は目から鱗が二、三枚落ちたように神妙になり「そうだよねえ……」と押し黙ったまま考え込んでしまった。

わたしも「やっと気づいてくれた」と安堵していたところ、しばらくして「それはいいけど青木さん、何かいい商売はないかな?」と尋ねてきた。

よくなろうと真剣に考えていれば、すぐ店に戻り、まずは念入りに掃除からでも始めるはずだ。地元の人に真心を込めてつくった料理を食べていただき、「もう一回やり直そう」と必死に食らいついていっただろう。

ところが、この社長は明らかに偽者である。求めているものが曖昧だから、得るものもないのだ。

この話から得られる教訓は、相手の「知覚」に合わせた話をすることである。知覚レベル以上の話をしながら「これがわかれば気づきを得てくれるだろう」などとは決して思わないほうがいい。

おそらく、わたしがこの経営者になんとかわかってもらおうと、延々と説得したとしても結果は九分九厘変わらない。

なぜなら、視覚、聴覚、臭覚、味覚、触覚といった「知覚」は、その人自身の「思考の枠組み（パラダイム）」と密接に関係しているからだ。

人間は経験の中から、色々な「思考の枠組み」をつくり上げ、なかなかその枠組みを超えることができない存在だ。

言い換えれば、その人が「どういった知識をもっているのか」「どんな経験をしてきたのか」といった過去を探れば、現状からある程度の未来図が予想できることになる。

統計や調査結果を踏まえて新規事業計画が立てられるのと同じように、その人の実績や思考パターンを知ることで未来の結果は予測できるのだ。

成功者の多くは、実績の積み上げによって現在の地位を築いており、ポッと出のまぐれは皆無に近い。

企業にとっては、できるだけ「勝ち抜いてきた人間」を採用したほうが、すばやく事業も立ち上がるケースが多いと言える。

とはいえ、そうした人材を採るのは、中小企業などでは困難だ。

では、どうすればいいのか？

自社で勝たせる習慣を身に付けさせればいい。経営者にとって一番大事な能力は、社員を勝たせる力量である。

経営者は目標達成の技術を学び、それをプレゼンテーションしながら社内に浸透させて社員を育てていくべきだ。

わたしの研修を受けにくる人は向上心をもっている人たちばかりなので結果が出る。

「勉強したくない」「良くなりたいと思わない」という人の前では話をし

ない。**「求めよ、さらば与えられん」**。聖書にあるこの言葉を信じているからだ。

わたしはつねに強く求めている。

「もっと良くなりたい、もっと良くなりたい、もっともっと良くなりたい！」

その〝思い〟が肉を着て歩いているようなものだ。アンテナを張っていれば自分の目標を実現するための情報は溢れている。万人に与えられているそのチャンスを活かすも殺すも本人の願望次第ということになる。

世の中には必ず「因果の法則」が働いているのである。

どんなに有益な情報も得る気のない人に話したところで時間の無駄になるだけだ。人は一人ひとり違う存在である。相手の願望に合わせた話をすればいい。

「伝達力」を発揮するためには、「誰に話をしているのか」「相手は何を求めているのか」をもっと考えるべきだ。

個人であろうと複数であろうと同じである。**「人を見て法を説け」**は絶対に忘れてはならないテーマなのだ。

万人受けする名言やたとえを話のスパイスに

同じ内容でも伝え方によって、聞き手への入り方は異なる。話材、話題、コンテンツ（内容）を相手に合わせる重要性について説明しよう。

わたしは〝人と比較せずに自ら定めた目標に生きることの大切さ〟を伝えるときに、「イソップ物語」や子ども向けの童話を使うときがある。

「ウサギとカメの話は皆さんご存知ですか？」

そう質問すると、うなずかない人はいない。

「では、どちらが勝ったのか知っていますか？」

当然、カメが勝ってウサギが負けたと言う。

「なぜカメが勝って、ウサギが負けたか知っていますか？」

たいがいの人は、ウサギが昼寝をしたからだと答える。ここからが真骨頂だ。

「皆さん、これからウサギが負けたほんとうの理由をお話しましょう」

聞き手の興味を引き付け「なんだろう？」と思わせるのだ。誰もが知っている「ウサギとカメ」の話である。

「能力開発バージョンとして、わたしは『ウサギとカメ』を解説してみたいと思います。まずウサギが負けた理由というのは……」

ここで間を取る。

「……じつは、ウサギはカメを見たからです」

「……」

「なぜカメが勝ったのか？　それはウサギを見ずに自分のゴールだけを見続けたからです」

「……！」

「なぜこのたとえ話をしているのかわかりますか？　人生というのは、自分よりもすぐれた能力がある人を見て抱いた劣等感や不快な感情が『負け』の現象をつくることがあります。また、能力の劣った人に目を向けて、仕事などを疎かにする人もいるでしょう。

ですが、ほんとうの勝利者は、つねに自分のペースを見失わず、ゴールに向かって歩み続けている人です。人生の成功は、決して早い人が勝つとは限らない。強い人が勝つとも限らない。

ほんとうに勝つ人というのは……そうです！　あきらめずに、自分の目標を見失わずに歩み続ける人です。その人が最後に勝つんです。皆さんの人生が心からすばらしいものになることを信じます。ご清聴ありがとうございました！」

能力開発の本質を誰にでもわかりやすく伝えようとすると、「ウサギとカメ」の話もこれだけ啓蒙的な話にすることができる。**これぞまさに「伝わる技術」なのである。**

聞き手に合わせたたとえ話を、引き出しとしてたくさんもっておこう。それを自在に使いこなすことで納得感を生み出せるのだ。

また、わたしはたくさんの格言を記憶している。

たとえば「タイムマネジメント」のセミナーで優先事項について説明するときは、次の格言を使う。

「世の中にはたくさんのどうでもいいことと、数少ない大切なことがあります。人生を成功させる鍵は、この数少ないことを大切にし、実行することにあります。アメリカの大統領アイゼンハワーは、このような言葉を遺《のこ》しました。

『必要となってからでは遅いものがある。重要度と緊急度は相反する面がある。重要度は緊急度がないために、つい後回しにしがちだ。ここにミスが生じる』

つねに目標達成するための行動に優先順位をつけて、重要度の高いことから実行に移していきましょう。これが目標達成する秘訣です」

ほかにもドラッカーやカルロス・ゴーンの話など、生きた言葉（格言）を適宜織り交ぜていく。それはときにスパイスのように話を締め、パンチを効かせるのである。

職業柄「名言集」のような書物を読んで、すばらしい名言の数々を頭にインプットし、プレゼンテーションに使っている。

すると、記憶された言葉は単なる引用ではなく、自分の考え方の一部となっていくのである。

日常生活にプレゼンテーションがある

わたしが会長を務める「日本プロスピーカー協会」には話し手としてプロをめざす人たちが数多く研修に来ているが、話題は「どのようにすれば『話力』を向上できるか?」に終始する。その質問に、わたしはいつも同じ答えを用意している。

「たとえば相撲取りに物事を教わるとき、あなたは横綱までいった人と十両にもなれなかった人のどちらを選びますか? 当然横綱から教わりたいでしょう。聞き手も同じです。実績ある人からもらう大きな承認を求めているのです」

プロのスピーカーになりたければ、まず自分自身との戦いに勝たなければばならない。自分自身の人生での改革、改善がそのまま「話力」につながっていくからだ。

話の「てにをは」を教える教室も商売としてあるが、私たちプロから言わせてもらえば、できないことをテクニックでできるように見せるというのは、その人のためにならない。

経営をしたことのない「経営コンサルタント」がいる。そんな人の話を聞いてはいけない。セールスをしたことのない「セールスコンサルタント」がいる。その人を相手にしてはいけない。「コン（狐）とサル（猿）はタントいる」などと揶揄されるほど実の伴わない「コンサルタント」と名乗る人たちが数多く存在する。

先日、医療関係の会社の社長がこんな話をしてくれた。

「このあいだ東北で一番流行っている歯医者の先生が講演をしました。多くの同業者が集まり、とくに若手の歯医者は多数お見えになりました。実際に経営して儲かっているわけですから。その人の話は『実』です。ところが『こうすれば歯科医の商売もよくなりますよ』と、歯科医院を経営したことのないコンサルタントが指導をして、引っ掻き回すんですよ。そんな人の指導を受けたってよくなるわけがありません」

「伝達力」の達人になりたければ、本物と偽物を見分けられるようになることである。

本物は、日常生活で取り組んでいることがプレゼンテーションなのだ。

わたしはセールスマネジャーに成り立てのころから、「**自分のできることだけを部下に伝えていく**」ことこそが「**伝わる技術**」だと思ってきた。

実生活や仕事で能力開発し、得たものを活かさないかぎり、頭でっかちな人間が育つだけだ。

前にも触れたが「伝達力」を高めたければ、日常生活そのものが研修の場であるということを忘れてはいけない。

日常生活をいい加減に生きて話の達人になろうとしても、無理な相談だ。そんな人の話は誰も聞きたいとは思わない。

朝起きてから寝るときまでが勝負である。わたしは朝早く起きて、その日の段取りをすると一気に走る。昼は小休止して午前中を振り返り、また実践し、夜は一日の内省をして次の日に向かう。**「一日一生」**が座右の銘である。毎日を悔いのないように生きてきた。

先日、大学生が主催している情報誌から「就職」についてインタビュー取材の申し出があった。

「青木さんは夢というものをどう考えますか?」と質問してきたので、一瞬黙っていると「夢をもてない若者がたくさんいます。どうしたら夢をもてるのでしょうか?」と真剣に聞いてくるので、こう答えた。

「わたしは**現実の延長線上にしか理想をもたない**、ある意味『現実主義者』です。夢とは理想の先にあると考えています。そして、つねに理想と現実にはギャップがある。だから自分自身が日々やるべきことをしっかりこなしていない人間に理想などは近づいてこないし、自分が成長すると理想はまた上へ上へと上がっていく。だからいつまでたっても理想と現実のギャップが縮まらないことになる。だからこそ『改善』なんです。

日々をおざなりにしている人間には、夢も理想も遠くなる一方で決して近づいてこない。わたしは『目標達成』ということを通して夢を現実にしてきた男です。かつては夢だったことがいまは現実になり、いまの現実の延長線上にまた次の理想を置き、その先にまたさらなる夢をもって生きています。**だからつねに夢は張り替わっていくものなのです**」

この思いで日常生活を研修の場としている。

日常生活で研鑽を積み、実践していくことで「話力」は高まっていく。「伝達力」を磨くために最も重要な要素だと言ってもいい。

実績は言葉以上の説得力をもつ

プロのスピーカーにとっては、三日間の研修も一〇分のスピーチも構成は同じだ。もちろん、研修では長時間人を惹きつける技術が求められるし、ショートスピーチも決して簡単なものではない。

ショートスピーチがうまくできるようになれば「スピーチの達人」になれる。結婚式に招待され、うまい話ができれば一流だ。

とはいえ、話の得手不得手は、そう簡単に割り切れるものではない。誰もが知る実績のあるような人であればこそ、深く感銘を受ける言葉がある。

わたしは以前、横綱「千代の富士関」（現・九重親方）の引退記念プログラムを作成したことがあり、何かの拍子に「横綱、健康管理はどうしていますか？」」と伺ったことがある。すると横綱はたった一言、「身体に聞く」と答えられた。これは伝わってきた。さすがにプロだなと思ったものだ。この短い言葉は、厳しいプロの世界をまっしぐらになって戦い抜いてきた横綱だからこそ重みがあるのだ。

このような単純で深い言葉は、聞き手の側が推し量りながら、意味を探り、一生懸命に答えの真髄を見つけ出そうとしていくうちに感動が満ち潮のように押し寄せてくるものなのだ。**同じ話でも、話し手によって伝わり方が全く違う。**

「スピーチの達人は、人生の達人である」

「生き方は『伝達力』をつくる」

これがこの章の締めくくりの答えである。

人がどんなにマスプレゼンテーションの達人になりたいと願い、「話し方」に磨きをかけたとしても、ひとつ間違えば詐欺師のように捉えられてしまうことさえある。

単純に「話し方の技術」を売るのならいいかもしれないが、講演ともなれば話は全く別物だ。

成功法則は「実」である。何度も言うが、**人は「分限」「分際」を超えて話をしたところで行き詰まってしまう。人にはそれぞれ活かされる場所がある。自分の生きている場所で「生きて語る」**。

だからこそ、自分自身をスキルアップし、あくまで自分が置かれた業界のトップをめざしていくことが、「伝達力」の達人になるための近道だ。

第三章

「伝達力」でコミュニケーション能力を飛躍的に高める

言葉だけで情報は伝わらない

プレゼンテーションで大事なことは、単なる「主張」で終わらせないことだ。

自分の言葉を立証する客観的データ、ビジュアル、道具のさりげない活用が、プレゼンテーションの成否に大きく関与してくる。

わたしはセールスマンのころ、対面プレゼンテーションの前にはできるだけ客観的データや重要な人物からの推薦文などを提示し、言葉以外の部分でもお客様の側に「反論の余地なし」という状況をつくることを心掛けていた。

たとえば弁護士を相手に何か商品を売りたいと思っているときは、「弊社のお客様にはこういった方々がたくさんいらっしゃいます」と、肉体労働に従事されている人のリストを見せても効果は期待できない。

逆を言えば、そういった人たちへ「【CD盤】クラシック音楽・名曲集大成」フルセット二十万円ほどの商品を販売する際に、弁護士リストを見せても押し返されてしまうだろう。

販売に関しては「どういう人が買っているのか」で人の心は動かされる。知り合いが買っているというだけで大きな影響を与えられることも多い。

たとえば、弁護士、医者、大学教授といった知的労働水準の高い人たちは、自分たちと同じ業界・業種や俗にインテリジェンスが高いと言われる人々のリストを信用フィルターとして見るものだ。

客観的なデータや事実を活用する場合には、どの世界、どの分野の人であってもタイプを見抜き、相手に合わせた表現の仕方を考えなくてはいけない。

これまでは「サンドウィッチ法」がプレゼンテーションでは良しとされてきた。

まず、たとえ話などを使ったニードの喚起から感情移入の段階に入り、話の中盤でデータでの裏付けを入れ、最後に「利点」に焦点を当てたクロージングで固めていく手法だ。たとえやイメージで右脳に訴え、左脳に働きかける論理を織り交ぜていくプレゼンテーション技法の正統派である。こうした技術も「伝達力」の面から見れば素直に見直さなければならないだろう。

有名な「メラビアンの法則」では、単純に言葉を並べただけでは情報の七パーセントしか伝わらないが、声の高低、調子や響きといった聴覚情報が加味されると三十八パーセントにまで跳ね上がる。

面白い話がある。ある宝石店に泥棒が入った。警察は現場の状況から「店内の構造に精通した人間の犯行ではないか」と踏み、店員三人から事情報聴取をすることにした。

　捜査官が**「おまえが、やったんじゃないのか？」**と凄みを効かせると、最初の店員は、「**わたしは**やってません」と、「わたしは」に力を入れて答えた。「ふむ……おまえは確かにやっていないかもしれん。だが、犯人を知っているんじゃないのか？」そう詰問される羽目になった。

　二人目は「わたしは**やって**ません」と、「やって」に力を入れて答えた。「怪しいな。今回はやっていなくても、前に何かをしたことがあるんじゃないのか？　どうなんだ？」そう詰められることになった。

　三人目は「わたしはやって**ません**」と、「ません」を明確に、語尾をピシリと言い放った。捜査官は「こいつはほんとうにやってないな」と解放してくれた。

　つまり、同じ言葉でもどこにイントネーションがあり、どこが強調されるかによって伝わり方が大きく変わってしまう。これが「情報伝達の印象

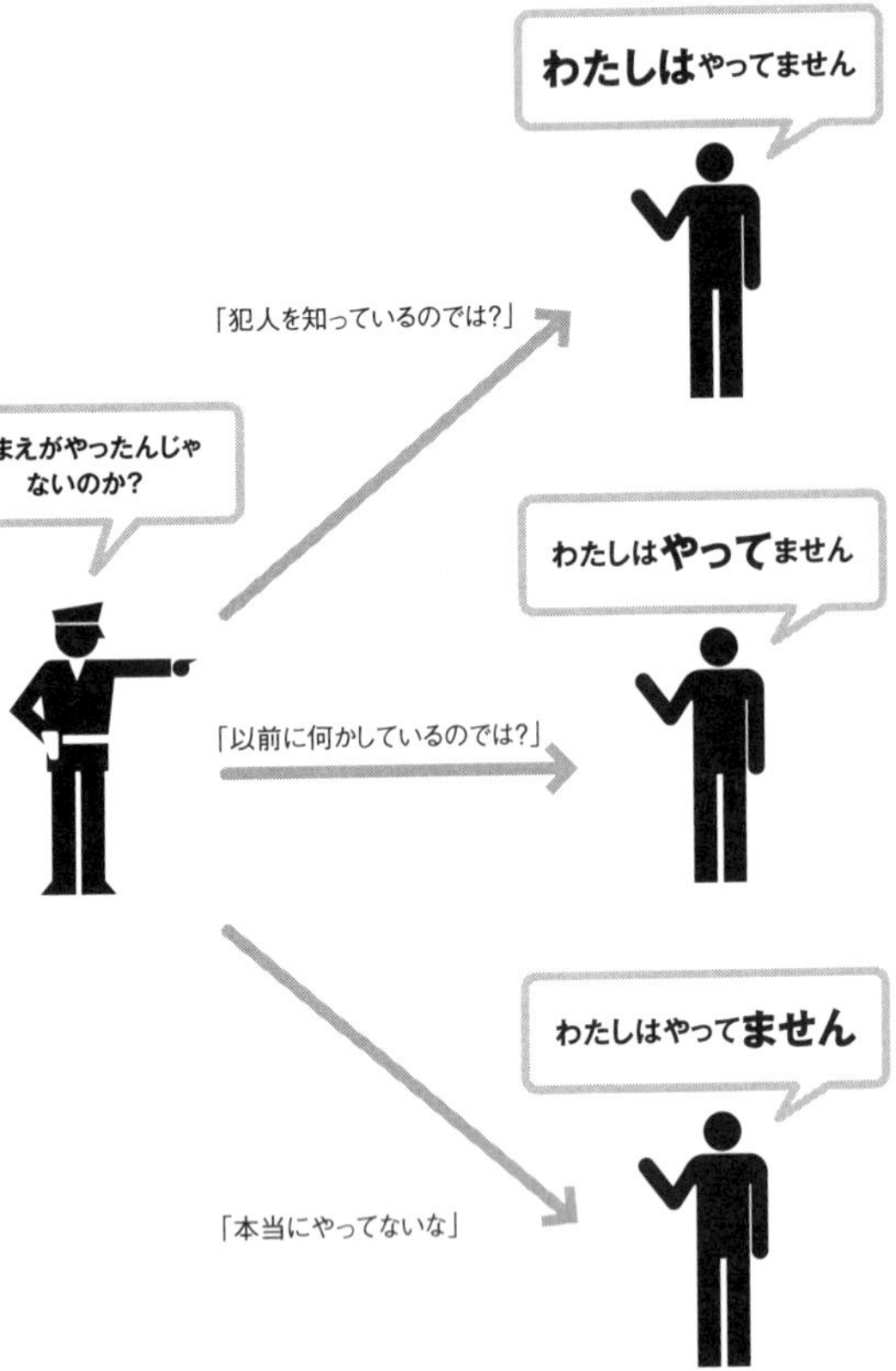
わたしはやってません
「犯人を知っているのでは?」
おまえがやったんじゃないのか?
わたしはやってません
「以前に何かしているのでは?」
わたしはやってません
「本当にやってないな」

面」と言われるものである。

さて、「メラビアンの法則」に話を戻そう。残り五十五パーセントはいわゆる視覚情報である。イメージ写真や動画といったビジュアル表現はもちろん、全身から溢れるような熱意、発散されるエネルギー、真剣な姿勢といった「ボディランゲージ」も含まれる。明らかに〝自分自身の言葉〟と〝視覚に訴える技術〟が必要とされているのだ。

相手を自分の話のペースに巻き込もうと思えば、一対一、または一対複数でも同じだが、相手の目を見てほほえみを絶やさず、柔軟な姿勢で真心からコミュニケーションをとっていけばいい。複数を相手にしている場合は、均等に目を見るようにしたい。

不思議なもので、聞き手と目を結べる人と、全く目を見ないで話す人とでは、伝わり方に雲泥の差が出てしまう。

人はおそらく目から「氣」を感じとるのだろう。肉眼で見ていても、全身で聞いているのである。すなわち、毛穴からも聞いていると考えていただきたい。

相手に何かを訴えたいのであれば、全身で話したほうが伝わりやすい。まずは目をつなぎ、ジェスチャーを交えながら身体全体で表現していく。声は喉ではなく腹から出すようにする。発声法、口の開け方、発音、これらを徹底的にトレーニングする。

間の取り方、表現力を何度も練習するのはもちろん、適宜質問を入れながら相手の関心を逸らさないように配慮し続けよう。

このようなベースづくりが、プレゼンテーション成功の秘訣である。

新鮮な情報は徹底してメモする

わたしは大変な「メモ魔」である。「情報が命」だと思っているからだ。プロのスピーカーほど勉強熱心である。つねに新しい情報に触れていなければ、すぐにでも時代に取り残されてしまうという危機感を抱いているからだ。

絶えず新しい情報に触れ、古い情報をリニューアルしていかなければ、新鮮でハッと気づきを与える話などできるはずがない。お坊さんの講話や牧師の説教にも、いまの時代性が反映されていなければ、すぐに飽きられてしまうだろう。不変な教えの中にも、新しい情報が混在されてはじめて、「今」の原則が確立されるのではないだろうか。

わたしは毎朝、新聞には目を通し、インターネットからの情報にも目を配るが、週に一回から二回は書店に足を運び、時代のトレンドを見逃さぬよう隈なく店内を見て回る。「なぜこの本が売れているのか？」「なぜ多くの人たちがこの本を支持しているのか？」を感じとろうとしながら、最低でも三冊程度は本を抱えて戻ってくる。つい先日も五、六冊の本を買ってきた。

色々な雑誌からの情報もメモする。「日経ビジネス」「プレジデント」。出張中はJRの新幹線グリーン車に備えつけられている「WEDGE」を必ず読む。

情報は、鮮度が命だ。新しい情報でなければ価値がなくなってしまうので、日々の情報収集から社会のニーズを踏まえた〝つねに新しいプレゼンテーション〟が展開されるのである。

人との出会いも大変重要だ。わたしは、いわゆる高度達成者と交際する時間を大切にしている。結果が出ている人と交際すれば、必ず刺激を受けるからである。

監督就任後、わずか二年で前人未到の五つの公式戦を単独で全優勝するという「五冠」の快挙を成し遂げられた、サントリーラグビーチームの元監督土田雅人さんもその一人だ。

ビジネスパーソンとしても、ラガーマンとしても一流。人間としてまさに〝まとも〟で誠実なお人柄である。面会が終わってすぐにいただいた御礼のメールもすばらしく「やはり日本一になる人には、その理由がちゃんとあるな……」と深く感じ入った。

一次情報で得た情報には輝くような価値がある。色々な方との出会いから学び、一生懸命にメモをしてシェアすることで、情報を喜びと共に分け合っていこう。

もちろん、使える情報と使えない情報は玉石混交で、どんなに有益な情報も職業柄話して良いことと、悪いことがある。

人をティーアップすることはいくら話してもいいが、マイナスに貶めるようなことは一切言わない。それは、プロとしての心得である。当然、守秘義務も厳守しなければならない。

新しい情報を呼吸のように得て、即自分の仕事に役立てていこう。

会話をしながら自分を売り込む

誰もが、一流のセールスパーソンほど話し上手だと思っているが、じつは、それ以上に聞くのがうまいと知っている人は少ない。

一流になるほど、相手の話を聞いているときに自分の人柄を売り込んでいる。

言葉を一切使わず、うなずく角度や傾聴する姿勢で「これほどあなたに対して関心をもっています」「こんなにあなたのことを思っています」と黙って訴えているのだ。

合間に適切な質問を投げかけ、答えを聞きながら頭の中ではその後の展開が渦巻くように巡っている。そして成果である「ＹＥＳ」に向かって、トークの組み立ての微調整を図っていくのだ。

聞く姿勢と話す技術は表裏一体である。自分の聞く姿勢が弱いから、相手が話を聞いてくれないのだ。

話はキャッチボールが大事だ。投げるばかりではなく、ときには〝ポーン〟と投げ返してもらうことも必要。〝シュッ〟と投げる。また、〝ポーン〟と相手が返す。そのキャッチボールを繰り返すことにより、コミュニケーションがつながっていくわけである。

相手が構えているところに適切なスピードの球を投げてあげることがキャッチボールの基本である。思いもしない豪速球を投げれば相手は怪我をするか、驚いて逃げ出してしまうだろう。お互いのキャッチボールはそこで終了である。

相手の立場を尊重し、相手に合わせて話をしよう。相手に受け取ってもらえる話をするのである。

プロのスピーカーとしての心構えが未熟だと「人を見下す高慢な態度」が言葉に出てしまう。

たとえば**「あなたがた」「君たち」**といった表現は、**使ってはいけない**類の言葉である。かなり年上の人から年下の人に向かってちょっとした話をする場合には問題ないが、プロのスピーカーをめざす人がちょっとしたインストラクション（教示・指示）をするときに「あなたがた」「君たち」と大上段に構えた、偉そうな表現をすれば聞き手はどうしてもネガティブな波動を出してくるようになる。これは、話し手のどこかに「驕り」や「高ぶり」のあることが原因だ。

スピーカーであれば、いつでも**「皆さん」**といったつねに同じ目線で話しかけることが大事だ。**「私たち」「われわれ」**も同じ目線のいい言葉である。

さらに**「笑いはよい人間関係のバロメーター」**と言われる。楽しい話は、それだけで魅力的で、笑いの回数が多いほどコミュニケーションの質がいいと言える。

逆に言えば、笑いの回数が減ったときに人間関係は壊れていく。離婚直前の夫婦は典型的な例だ。ほとんど笑いがない状態になる。お互いに笑わなくなり、会話が少なくなれば人間関係は冷えていく。

真剣な話も大切だが、やはりユーモアのセンスがなければ間がもたないこともある。わたしはとくに「選択理論」を基にした研修をおこなっているので、その内容を噛み砕いて次のように話すことがある。

「皆さん、人間関係で一番大切なものは、お互いを『思いやる』気持ちですよね。『人は内側から動機付けられる存在である』とウイリアム・グラッサー博士は言っています。ならば、外からの刺激で相手を変えようと努力して、批判したり、責めたり、文句を言ったり、ガミガミ言ったり、脅したり、罰を与えたり、目先の褒美で釣ったり……。するとどうなるか、わかりますよね？　それは、いいですか。よく聞いて下さいよ——配偶者の性格が変わる前に、配偶者そのものが変わってしまいます」

「人を変えようとしてはいけない」という伝えたいことを、このように表現して笑いをとりながら「あぁ、自分はすごく相手を変えようとしていたんだな」と気づいてもらう。こうした工夫も自分の話を好意的に聞いてもらうひとつの技術だ。

最後に誰もが簡単に実践できる「自分を売り込む方法」をお伝えしよう。

「**皆さん、こんにちは！**　本日、講師を務めさせていただきます、△△会社の○○でございます。本日はベストを尽くしてお話をさせていただきます。よろしくお願い致します」

最初の「皆さん、こんにちは！」という言葉をおぼえておいてほしい。

そしてプレゼンテーションが終わったあと、最後に言う言葉はこうである。

「本日はご清聴ありがとうございました。皆さんの真剣で前向きな姿勢に支えられて、気持ちよくお話をさせていただくことができました。ほんとうに感謝を申し上げます。皆さんの人生がすばらしいものになることを祈って、本日の公演を終わらせていただきます。**ありがとうございました！**」

よい感情のコミュニケーションには、最初と最後のあいさつが重要な意味をもつ。ポイントは「感謝」の思いを必ずメッセージにして残すことだ。

一対一のプレゼンテーションも同じ。もちろん最初は、丁寧なあいさつをするところから始まる。出会ってから四分間程度で自分を売り込もう。

最後はこう言う。

「本日はお目にかかれてほんとうに光栄でした。○○さんのお人柄に触れて、ほんとうにすばらしい一日を過ごすことができました。ありがとうございました。これからも末永くお付き合いをよろしくお願い致します」

（深々と頭を下げる）。

そして、別れてすぐに葉書を投函する。葉書は面会のお礼の言葉が前もって書かれたものでもいい。こうした小さな配慮の積み重ねで**「人柄を売り込む」**ことができるのだ。

人間関係は、あいさつから始まり、アフターフォローのあいさつができなくなったところで壊れていく。

とにかく**「相手の願望に入り続ける」**ことだ。そのためには、日ごろのあいさつが欠かせない。

「相手の名前」も軽く考えてはいけない。「名前をおぼえる」とは「相手に関心をもつ」ことにほかならないからだ。

プロのスピーカーは、名刺交換をするだけで相手の名前をおぼえてしまう。そして次に会ったら必ず「○○さん」と名前で呼びかける。

一流のホテルやゴルフクラブのフロントでは、サービスを依頼すると必ず「はい、少々お待ちください。青木様」と名前を呼ばれる。ゲストとしてアテンション（注目）されていると思えるので「力の欲求」が満たされるのだ。

わたしも研修では、「では、田中さんお答えください」「山田さんはこの点についてどう思われました？」などと必ず名前を入れる。その分、聞き手も真剣に参加意識をもって取り組もうとするわけである。

もし、こちらの話に興味のなさそうな人がいたら、その方の名前を呼んであげると、その後の展開がとてもスムーズになっていくものだ。

相手の名前をおぼえること。その名でアテンションをすることは、プロのスピーカーとしての基本であるとわたしは考えている。

頭で話せば頭に入る。心で話せば心に入る

欧米の人はよく使う「ＬＯＶＥ（愛）」という言葉も、私たち日本人はなかなか使えない。妙に照れくさく、言うのに抵抗がある人も多いと思う。逆に使いすぎてもおかしな目で見られかねない。

だが、「愛しています」というその言葉を「思いやり」と言い換えてみてはどうだろう。

「人を思いやる」「家族を思いやる」「親を思いやる」「仲間を思いやる」。

それが愛である。プレゼンテーションをしていくときには、「思いやり」の心がなくてはならない。心から〝相手のために〟という真心が伝達力を発揮するのだ。

「頭で話せば頭に入る。心で話せば心に入る」

その言葉どおり、わたしが主催している『頂点への道』シリーズの「ピークパフォーマンスコース」という研修では、言葉を一切使わないでセールスをおこなう。「無言のセールス」と呼ばれるものである。

わたしが「売り手」、受講生のなかの一名が「買い手」となり、ほかの受講生一〇〇名近くが見守る前で、言葉を一切使わないで物を売るのである。

もちろん、打ち合わせなしで前列のほうに座っている人を指名する。そして、商品をひとつ選ぶと、こう言う。

「この商品をわたしは、いまから〇〇さんに売り込みます。〇〇さんは買ってもいいと思えたら、『下さい』と一言お願いします。要らないなら、『いりません』と言っていただいて結構です。わたしにはルールがあります。それは『一切言葉を使わない』ということです。わたしは言葉を使えないセールスマンです。ただし、筆談だけはさせていただきます。〇〇さんは自由に言葉を使っていただいて結構です。……では、始めます」

そこから無言のプレゼンテーションに入っていく。この演習をすると、買い手の方は涙されることが多い。

人を動かすものは言葉ではないからだ。人を動かすものは真心であり、相手はその心を感じてとって動いていくものである。

真心でプレゼンテーションをしていけば、その「思い」が相手に伝わった瞬間に相手は感動し、「わかりました。買わせて下さい。いただきます……」と言って下さる。

無言のセールスをすると、わたしは足腰が立たず、しばらくは放心状態に近くなるほどだ。それほど「氣」を入れてプレゼンテーションを打つ。それが「伝わる力」なのである。

つまり「伝達力」とは言葉だけではない、伝えたいという「**思い**」なのだ。その真髄は、中心にある「思い」を言葉に乗せることにある。

言葉は情報に過ぎないが、誰がその言葉を伝えているのか、その根底にどのような思いがあるのか。プレゼンテーションの土台にあるものが、声帯を動かし、目に見えない波動となって相手の脳（心）に入っていくわけである。

そして言葉が、腹の底まで落ちたときに、人は感動をおぼえるのだ。

「相手を思いやる心が人を動かす」

「思い」とは「愛」なのである。

相手の懐に入る効果的な質問

「私たちはなぜ行動するのか」

「私たちはなぜ動くのか」

セールスの世界での「販売心理学」。マーケティングの世界での「購買心理学」。こうした、いわゆる「モチベーション」は、世界中で何世紀にも渡って研究が進められてきた。

セールスパーソン時代に「売れる人と売れない人の差は何か？」という問いから「**セールスとは、サイエンス（科学）であり、サイコロジー（心理学）であり、テクノロジー（技術）である**」という持論をもって研究に勤しんできたが、その過程で心理学のおもだった系統には、ふたつの流れがあることを知るようになる。

ひとつは「外的コントロール心理学」と言い、「脳の外側の情報が人を動かす」というもの。もうひとつは「**人の行動は、脳の外側からの刺激に対する反応ではなく、遺伝子からの指示を満たそうとする最善の選択である**」という「内的コントロール心理学」だ。

この考え方では、「人はそれがどんなに破壊的な行動でも、そのとき、その人にとっては最善の行動を選択している」ということになる。

あくまで責任の所在は、脳の外側ではなく、本人の行動の選択なのだ。これは「伝達力」を述べるときに大変重要な意味をもつ。

つまり、話し手がどちらの心理学を信じるかによって、プレゼンテーションの内容まで変わってきてしまうのである。

「内的コントロール心理学」では、〝人が動機付けされるもの〟が相手の内側にあるとされるので、プレゼンテーションでもまず相手の「願望を明確にする」手助けをしていく。そして、今していることを「事実」として本人に冷静に確認してもらい、「自己評価」してもらう。それから「求めるもの（ウォンツ）」と、実際に「今していること」のギャップを本人に尋ねる。そのギャップにフラストレーションが存在しているからだ。

もし、自己評価の段階で「このままの行動では、きっと自分の求めるものは手に入らないだろう」と思っていれば、そこではじめて情報を提供するのだ。

相手は空いているスペース（＝ギャップ）にその情報を取り入れ、行動を変えていこうとするわけだから、わたしからの情報は〝とても有益だ〟と思ってもらえるわけである。

ところが、「外的コントロール心理学」では、相手の「ウォンツ」ではなく、自分の望みを押し付けて相手を変えていこうとするアプローチになってしまう。相手がますます頑なになり、心を開こうとしなければ、騙したり、暴力で脅したり、いじめたり、心理的に嵌め込んでいくようなテクニックを用いるようになるかもしれない。

どちらが受け入れられやすいかは言うまでもない。

だからこそ、わたしは「内的コントロール心理学（＝選択理論）」を人間としての基本に置いているのだ。

第一章で述べたように、人は「五つの基本的欲求」の、〝遺伝子から突き動かされるような指示〃と、自分だけの「上質世界」にある〃願望を満たすこと〃にしか関心を寄せない。

ただし、「願望」が明確な人と不明確な人がいる。だから、まずは相手の願望を明確にするための手助けをしてあげることだ。それを日常生活のなかで得られるようにサポートするのがカウンセリングであり、コーチングである。

願望が具体的な形になっているものが、お金であり、時間的なゆとりであり、よい人間関係であり、よい仕事である。そしてよい仕事には、当然晴れ晴れとした達成感がなくてはならない。

ぜひ、人の行動が、その人自身のイメージを満たそうとする最善の選択であるということをおぼえてほしい。

するとプレゼンテーションでは、「あなたが求めているものはなんですか?」「どんなときに心が満たされますか?」など「上質世界」に焦点を当てた質問を使うことで、相手の懐に益々深く入っていけることを知るだろう。

これが「伝達力」の真髄である。

第四章

人を動かす「伝達力」の活用法

「ほめ言葉」が人を変える

能力開発の本質は〝いかに人の自信を育むことができるか〟に尽きる。

世の中には、ことごとく人の欠点を指摘する人がいる。言われ続けている人にはマイナスの暗示がかかり、無意識でそう思い込むようになってしまう。

「自分にはできない」「だめな人間だ」と考えるようになって、その人がその人自身をどう見ているのかという自己イメージが下がっていく。すると、自己イメージに見合った分しか能力を発揮できないので、本来その人がもっている力を充分に活用することができなくなってしまう。

反対に「長所進展法」の「ほめ育て」で、段階を追った小さな成功体験を積み重ねていけば「わたしはできる！」という強い信念を抱くようになり、持てる力のすべてを稼動しようとするだろう。自信の育み方については、拙著『一生折れない自信のつくり方』を参考にしていただきたいが、わたしはどんな人でも〝**無限の可能性をもっている**〟と信じている。

だからこそ、自分で「判断」をし、行動の「選択」をし、そこに一〇〇パーセント「責任」をもって生きていけるように「自立」をテーマにした研修トレーニングを提供している。

いわゆる「カルト集団」などは、その対極に位置する。つまり「どうすれば自立させないで済むか」を突き詰め、マインドコントロールのように「自分の頭で考えず、言いなりになるように」仕向けていく。だから恐ろしい。

わたしは社員にも、「とにかくあなたはこういうところがいいよ」とプラスの暗示をかけていく。

すると、将来独立して「必ず社長になれる」と信じて取り組むような女性スタッフや、役員をめざして頑張る社員が出てくる。

自分の将来に期待しながら、さまざまな問題や葛藤も代価の先払いだと思って明るく前向きに取り組む仕事と、義務感でやる仕事とでは、喜びや楽しみが根本から変わって当然である。

人には必ず「長所」と「短所（欠点）」がある。〝清濁併せ持つ〟のが人間という存在だ。

だから、自分を成長させてくれるポジティブな人と付き合えば長所がグングン伸び、欠点が見えにくくなる。一方、ネガティブな人と付き合うと欠点ばかりがクローズアップされ、長所が見えなくなってしまう。

わたしが若いころお世話になったフルコミッションセールスの組織で忘れられない上司がいる。その上司はこう言ってくれた。

「青木、よくやっているな。いままで色々なメンバーをもってきたけれど、おまえほど前向きで努力をする人間は出会ったことがない。おまえこそ『時を超えたライバル』だ！」

この**「時を超えたライバル」**いう言葉は、わたしの一生の支えになっている。その言葉で自己イメージが極限まで高まったわけである。つくづく、言葉は**「人を生かしも殺しもする」**と感じる。

反対に同じ組織でも、こんな酷い話もある。わたしが若くしてセールスマネジャーに抜擢されたときのことだ。

わたしのチームメンバーが、ベテランのマネジャーと並んで用を足している際に、こう言われたとしょげ返って戻ってきた。

「おれもいままで色んなメンバーを見てきたけど、おまえはこの仕事に向いていない。これは確信をもって言えるから、そろそろやめたほうがいいんじゃないか。やればやるほど借金地獄になるだけだ」

わたしはその報告を聞いて「酷いヤツがいるな」と思った。

フルコミッションの販売組織である。「生き馬の目を抜く」と言われる、生き残ることだけでも容易ではない世界だ。時として、ほかのチームの新人を潰してまで自分の成績を上げようとする輩が出てくる。ただ当時は血気盛んなときだ。黙って見過ごしてはいられなかった。

そこで、自分のチームで最もセールスが強い部下に「会議の席上でこう発言してくれないか」と頼んだ。

「あのマネジャーに『(オーダー数を競う意味で) セールスの現場で、胸を貸してください』と言ってくれないか。そこでもし相手が断ったら、『わたしに勝つ自信がないのですか?』と言ってほしい」

以来そのマネジャーは、わたしのチームメンバーに対して口を挟まなくなった。わたしも若く負けん気の強かったころの話である。

有名な天下統一を図った戦国武将の性格を表す「ホトトギス」の例で言えば次のような心境だ。

信長は「鳴かずんば、殺してしまえホトトギス」
秀吉は「鳴かずんば、鳴かせてみせようホトトギス」
家康は「鳴かずんば、鳴くまで待とうホトトギス」
わたしは**「鳴かずんば、それもよかろうホトトギス」**

人を〝コントロールしよう〟とするのではなく、その人にできるか、できないかといった資質を見抜くように心掛け、できる可能性がある人間を注意深く選ぶということだ。

そして「ダイヤモンドを磨くのはダイヤモンドしかないように、人間を磨くのは人間しかない」という考えで、資質のある人間に対して徹底的に磨きをかけていく。当人からしてみれば、ある一定の期間は苦痛を感じるかもしれないが、それを乗り越えられるだけのタフな人間に投資をしようとするのだから、必ずついてきてくれる。そうして、最大限に引き上げていくのだ。

昔は〝誰でも彼でも〟と思っていた時期もあったが、キャリアを積み重ねることによって少しずつ見方が変わってきた。

「よくなりたい」という思いの強い人間、「なんとしても成功したい」という願望をもった人間。高い志や向上心のある人に対して投資をしていきたい。

非常に残念なことだが、多くの人がマイナスの言葉を使いながら、不平不満をもって仕事をしている。

どんな人にも腹を立てず、感謝の心をもって接し、良いところをほめる。

これが言葉によって人を動かし、力を発揮させる最大の秘訣である。

良い叱り方、悪い叱り方

わたしはこの世の中でもっとも損なことは「ネガティブ（＝ネガ）思考」だと思っている。

ネガとは否定的であり、消極的発言が生まれてくる温床である。

その反対に、明るく肯定的な考え方は「ポジティブ思考」と言い、肯定的、積極的な「ものの見方・考え方」が根底にあるので、まさに「わたしはできる！」という信念が噴水のように沸き上がってくるようになる。

わたしの研修では、「いままでの人生のすべてのことに感謝していますす」という言葉を受講生の方々に唱えるよう指導している。

「できる」という考え方が、結果的に「できた」という現実をつくるからだ。

「感謝している」と言えば、物事を肯定的に捉えられるようになる。

「私たちが解決できない問題を神様は与えない」と信じ、そこを乗り越えていこうとすればどんな困難に対しても決してあきらめることはない。

「この問題を克服していくことが成長だ。問題というのは成長の促進剤だ」

問題が起きたときは、いつもこのような考え方で取り組んできた。だから、わたしにとって問題は問題とはならない。問題の捉え方が問題だと思っている。

もし「日々、あらゆる面でわたしは悪くなっていく」と心の底から言い続けたとすればどうなるだろうか？

おそらく〝人生は終わったも同然〟の結果になるに違いない。わたしは怖くて言えない。ブツブツと愚痴を言いながら道を歩いている人がいるが、結果的にマイナスの暗示がかかっていると言ってもいい。

だから、わたしは絶対に愚痴を言わない。どんなことにも「感謝、感謝」ですべてを浄化している。すべてのことは、成長のために与えられたテーマなのだ。そういう考え方が言葉の力をつくり、「伝達力」を生み出していく。

叱り方にも気をつけなければならない。よく部下や子どもをガミガミと怒鳴り散らしたり、〝ドカン〟と雷を落とすような叱り方をする人がいるが、あくまで本人に自己評価をさせるような叱り方でなくてはならない。「叱る」というのは、行為に対して伝えることだ。つまり「人格は尊重しますが、していることには満足していません。最終成果に対して、今しているることは効果があるだろうか？　ほんとうにそういう選択で会社を勝たせることができると思う？」といった自分の行動を省みて改善点を見出すサポートをしていくのが「叱る」という行為である。

叱るタイミングも逸してはいけない。時間が経過してから、過去形でグチグチと責める人もいるが、それでは人間関係も悪くなる一方だ。「伝達力」は全く働かない。

焼肉もジュージューと音が立つような〝焼きたて〟を食べるからうまいのであって、どんな高級店でも冷えた肉はまずくて食べられたものではない。叱るのは問題が起きた直後だ。

ところが、叱ろうとして「怒っている」人がいる。「怒る」という行為は、自分の感情の赴くまま、頭ごなしに相手の人格を無視し、傷つける行為である。

「バカ」「能なし」と平気で言う人もいる。こうした言葉は何人であろうと、絶対に言ってはならない。相手の自己イメージを大幅に下げてしまうからだ。

ほかにも「昔はこうだった、ああだった」と変えられない過去の話を引き合いに出すと相手は責め立てられているように感じてくる。

比較もしてはいけない。「ほら、同期のあいつを見てみろ」「ほかのやつはできるのに、おまえはダメだな」。こういうことは「叱る」とは言わない。単なる「いじめ」である。いじめられれば、相手は恨みをもって必ず仕返してくる。

繰り返しになるが、「叱る」というのはあくまで〝した行為〟を改善の方向に導くことである。同じことを繰り返さないようにコミットメント（決意表明）してもらったら、あとは本人の改善計画を尊重する。自分自身でカバーさせるわけである。

人を育てるのは「ほめる」だけではなく、健全に〝行動の結果を経験させる〟ことも範疇にあることを知るべきだ。部下の自己評価についてはわたしも厳格である。

内発的に動機付けされた問題意識をもってもらったら、その解決のための情報を明示するのが「伝達力」を活かした人を動かす技術である。

信頼関係を築く質問の仕方

一流のスピーカーほど「聞き上手」であることは述べてきたとおりだ。彼らは盛んにうなずき、人の話をよく聞く名人である。聞いているからこそ質問がうまいのだ。

質問には「開放型質問」と「閉鎖型質問」があり、「開放型質問」というのは自由に話せるように仕向けていくスタイルだ。

「○○さん、車はお好きですか？」

「いつもどんなところに旅行へ行かれます？　どんな休日を過ごされていますか？」

こうした「YES」「NO」で答えなくてもいい質問をしていく。

すると、相手は家族の話もできれば、趣味や旅行の話もできるので、さまざまな要素を織り交ぜて開放的に話をしてくれるようになる。

そこで「そうですか、それは楽しそうですね」と聞く姿勢をもち、ラポール（心の架け橋）をつくり上げていくのである。プレゼンテーションの初期段階では、まず相手のことをよく知るのが大切な要素だ。

孫子の兵法に「彼を知り、己を知れば、百戦危うからず」という有名な言葉があるが、プレゼンテーションでも相手を知ることがすべての基本になる。相手のことをわからずして、相手を勝たすことはできない。

「閉鎖型質問」で、「YES」を繰り返しとりながら、納得を生み出していくのは、「開放型質問」のあとのことである。

まずは「聞き上手」に徹し、好感度を高めたら、次は対話を正しく進めることだ。

信頼関係を築く質問の仕方

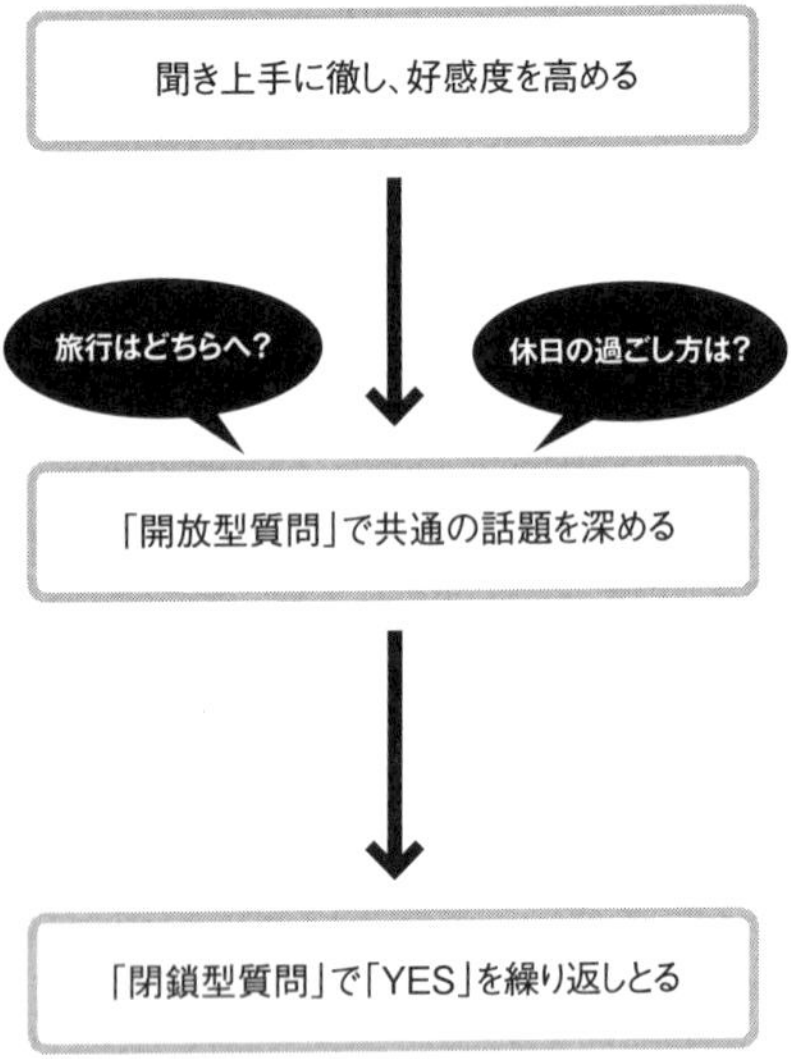

「○○さんの出身地はどちらですか？」

「わたし？　あぁ、出身は北海道です」

「えっ、北海道ですか！　北海道のどちらなんですか？」

これが、一般的な話のつなげ方である。

ところが、「出身は北海道です」と答えてくれたのにもかかわらず、「そうなんですか。ところでこの件なんですけど……」と相手へ応えずに話を変えてしまう人がいる。なんのための質問なのか、さっぱりわからない。

一度話をつなげたら、必ず一歩も二歩も共通の話題を深めていくのがルールである。

「じつはわたしの友人にも北海道出身がおりまして。道産子と言われるぐらいですから、皆さんほんとうに純粋で、実直で、よい方が多いですよね」などと相手を肯定してあげれば関係が構築できるので「○○さん、そろそろお忙しいことと思いますので、さっそく本題に入らせていただいてもよろしいですか?」と本筋にも移りやすい。

このあたりの「会話における空気感」を読み違えないことである。「最後の職人アナウンサー」と言われた、NHKの名物アナウンサー鈴木健二さんがホスト役を務める「お元気ですか」という番組があった。

各界の著名人に鈴木さんがインタビューをしながら、その人となりを紹介し、「人生をいかに生きていくのか」といったキーワードを聞き出していく番組である。

〝さまざまな問題に直面したときにそれをどう乗り越えてきたか〟が語られ、珠玉の言葉数々にわたしも少なからず「人生」を学ばせていただいたものである。

番組を見ながら「すごいな……」と脱帽したのは、鈴木さんのうなずきの上手さである。言葉の端をつかんだら、次から次へとその先の言葉を手繰り寄せる巧みさ!

まさに「聞き上手は話し上手」の典型的なモデルであり、言葉遣いの手品師であった。

言葉は生きた川の流れのようなものである。淀みをつくれば水は泡となって死んでしまう。その淀みをつくらないための技術が「適度なあいづち」だ。話す相手に対して、どこまでも気持ちよく話してもらおうという配慮。鈴木さんを見ていて「これが一流アナウンサーの能力なんだな」とつくづく感心したものである。

ところが、商談などでも、自分のペースにもっていこうと質問をしておきながら、その答えを置き去りにしたり、そもそも効果的な質問ができていない人が多い。

ラポールがかかっていないと、最終段階でもおかしな反論の出てくる場合がある。信頼関係ができていないことの表れなので、真摯に反省するべきだ。

上手なコミュニケーションには、話を〝合わせていく〟技術が求められる。

「○○さん、今お話しになられたこと、よくわかります。どうぞ続けて下さい」

会話の上手な人は、このように話の腰を折らずに応答する。

仮に相手が話下手だった場合には、どれだけ真剣に、真心をもって聞くことができるかという人としての「器」が量られると思ってもらって差し支えない。

次の言葉をぜひ頭の片隅に入れておいてほしい。

「話すのは技術、聞くのは器」

相手に対する思いやり、度量がなければ人の話を聞くことはできない。

また、何かを言われると、「そうは思わないな。間違いだ。全く違う考えです」と即座に否定する人がいるが、数回同じリアクションをされれば、誰もその人を相手に話そうとは思わなくなるだろう。

この人は、否定する返事をした途端に、相手との関係がプッツリと切れていることにも気づかないほど感性が低い。

では、同意できない場合は、どう応答すればいいのか。

しばらくは相手の話をじっくりと聞くことである。そして「なるほど、そういうお考えもあるんですね」と一言でも、完全には賛成できないといったニュアンスを会話に挟みながら黙って聞いていく。

相手のほうから「ところで、青木さんはどう思いますか?」と聞いてくれるタイミングを待って「わたしはちょっと別の捉え方をしています」とソフトな表現をするのがポイントである。

「どんな捉え方ですか?」

「これは捉え方の問題ですので、どちらが正しいということはないんですが、少し聞いていていただけますか?」

そう断ってから、自分の考えを述べていく。つねに相手への配慮を忘れないのが、人間関係の基本であろう。それも含めて自分の考えが受け入れられるように、うまく述べるのが「伝達力」なのだ。

「気働き」が伝達力を発揮させる

わたしは「目には見えない波動」や「心のエネルギー」を信じている。運がいいと言われる人には、必ず相手に対しての「思いやり」「気働き」がある。

その背後には、第1章での繰り返しになるが**「何事でも、自分にしてもらいたいことは、ほかの人にもそのようにしなさい」**という黄金律を実践していることが挙げられるだろう。

「○○さんはわたしに何を求めていますか?」
「どんな協力をすることが有効でしょうか?」
「わたしは○○さんに対して何ができますか?」
「○○さんが求めているものに対して、どんなサポートをしたらよいでしょうか?」

こうした言葉の数々は、黄金律を実践するためのいわば導き手だ。

結果として、そのことを実践している人が経済的祝福、繁栄を与えられるのは当然だ。相手が望むものを与えておいて、貧しくなるはずがない。市場に価値あるものを提供した人は、必ず経済的祝福が得られる。逆を言えば、経済的に豊かになれない人とは、そこに充分な価値を生み出せていないということだ。稼ぎは自身の市場価値を示す最も正確な物的証拠である。

また、完全にプロになっていないアマチュアだと言い換えてもいいだろう。プロは自分の能力を高く売り込む。起承転結をイメージし、最終的な成果から逆算して仕事をするのがプロである。

「アマチュアはプロセスを主張する。プロは結果で語る」

この言葉どおり、結果以外で語れるものはない。

だからこそ、プロは相手にとってメリットある存在になれるよう「あなたは何をしてほしいのか」を聞き出すのだ。

逆を言えば、自分自身がその望みをかなえられる存在になれるように最大の努力をしていくのがプロだとも言える。

相手が求める情報をあなたがもっていたら、あなたの情報の価値が、その人自身の価値を活かすことになっていく。もし自分が情報をもっていなければ、その情報をもった人を紹介してあげればいい。

いずれにしても、相手から見て価値のある存在に成りきるのが成功の極意である。

「決めの一言」をもとう

難しい話を、さも小難しそうに話しても、誰もわかってくれない。難しいことを伝える場合は、ポイントを絞り、たとえ話をふんだんに盛り込みながら「この点はご理解いただけましたか？」と時々質問を投げかけ、理解の確認をするべきである。

相手の表情を見て、腑に落ちていない感じがあったら、あわてて先に進もうとはせず、ポイントを言い直すなり、別の表現に変えてみる必要がある。

込み入った話は、じっくりと伝えていくことが大切なのである。それも身近な話題を使いながら、わかりやすく、熱意を込め、力強く話していけば「伝達力」も高まっていくだろう。

わたしもセールスパーソンとして新人時代に、真剣に「やめようかな」と悩んだときがあった。

そのときの上司がわたしの顔を見るなり、「おい、青木ちょっとこっちへ来てくれ」と呼び、「いま、よからぬことを考えているだろう」とまっすぐ、目を射るように顔を向けてきた。

わたしは心を見透かされたようで「えっ⁉　どうしてわかるんですか？」と驚くと、決まり文句の「顔に書いてあるよ」。

そして上司は、わたしにとって忘れることのできない「決めの一言」を言い放ったのである。

「いいかよく聞け。おれの、おまえは絶対にできるという自信と、おまえができないという自信と、どっちの自信におまえは自信をもっているんだ？」

咄嗟にこう言われ、わたしは思わず「マネジャーの自信に自信をもちます」と答えてしまった。

「わかった。じゃあ、これからは一切マイナスのことを考える必要はない。おれのおまえを絶対育てられるという確信に自信をもって、言われたことをまず実行しろ。それで、実行してもできないときにだけ悩め。わかったな?」

まさにこれはわたしにとっての「決めの一言」だった。

その後、セールスによってわたしの人生は花開き、いまの自分につながっている。

あのとき、上司の〝一言〟がなければ、いまの自分はないかもしれないと考えるだけで言葉の重みがひしひしと伝わってくる。

わたしも三日間の研修を通して、最後のメッセージで必ずこの「決めの一言」を言い放つ。

研修の最後の大詰め、「自己宣言文」という自らのコミットメントを受講生の皆さんと一緒に読んだあと、最後に〝魂の叫び〟を込めて大声でこう言うのである。

「皆さん、人生は選択だ！　一度の人生！　二度ない人生いかに生きるか！　本気で生きるも一回！　半端に生きるも一回。親にもらったこの命、いつかは人生の幕を閉じるときがくる。その最後の瞬間《とき》を迎えるときまでほんとうに生きていてよかったと思える人生を全うしていきましょう。三日間、ご清聴ありがとうございました！　感謝します！」

ラストメッセージで受講生の皆さんは総立ちになり、そこから音量大きく「エンディング・テーマ」が流れ、拍手に包まれて長い研修の幕を閉じるのである。「決めの一言」では、本心にないことを絶対に言ってはいけない。

これだけは外せないポイントである。

終章

人生を豊かにする「伝達力」

自分の能力を「相手を勝たせる力」へ

人は誰もが物心ともに豊かな人生を望んでいる。それを手に入れるためには、人の役に立つ生き方をすることだ。

「価値と価値の交換」で成り立っている資本主義では、「ほかの人々が求める物を与えることで、自分が望むものを手に入れる」のが成功する秘訣だ。

経済的に豊かになりたいのであれば「スペシャリスト（専門職として特別な技能をもつ人）」になることが、その第一ステップである。

次は組織者としてのステージがある。自分のレベルにまで下の人を引き上げていくマネジメントの技術である。

スペシャリストは、専門職であるがゆえに「自己実現欲求（パワーニーズ）」が強く、「勝ち負け」のパラダイム（思考の枠組み）で成り上がっていく人が多い。

その後、組織者となったときに自分自身の「勝ち負け」のパラダイムをいかに部下と共に勝つか、いわゆる「勝ち勝ち」のパラダイムに変えられるかがポイントになる。

パワーニーズの強さゆえ、他人あるいは自分と戦ってきたエネルギーを、貢献というエネルギーに転換する難しい作業だ。

「勝つ」という価値観はスペシャリストならではの価値観であり、「勝たせる」という価値観は組織者の価値観だ。

人は「相手を絶対に勝たせるんだ」と思った瞬間から接し方が変わり、伝え方が変わってくる。そして、相手の立場を理解するようになっていく。

「勝ち勝ち」のパラダイムになると、すべての判断基準が相手を勝たせるために「何が正しいのか」という判断に変わるのである。

サクセスロードに続く「四つのM」

いま述べたように、スペシャリストはプロの専門職であるがゆえに、いわば「職人化」した世界にいる。

それが、その後の段階を経て組織者になれば、当然「組織化」した世界になっていく。このふたつは相反するものなのだ。

「職人化」で徹底的に自分のレベルを上げた人が、自分の「ものの見方・考え方」である自己完成論理を、「組織化」する際には奉仕の論理に変えていかなければならないので、大変な難関となる。

だが、自分のレベルにまで人を育てることができるか、人に対する貢献

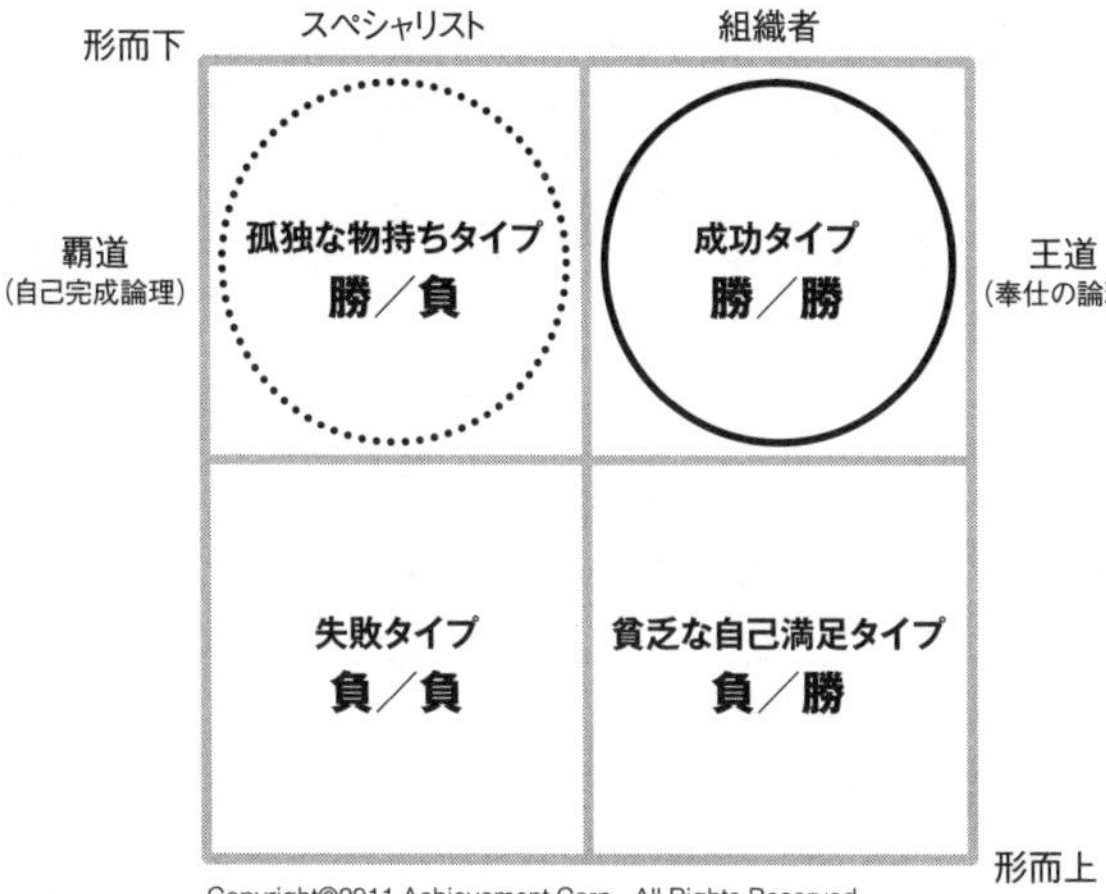
形而下
スペシャリスト
組織者
覇道
（自己完成論理）
孤独な物持ちタイプ
勝／負
成功タイプ
勝／勝
王道
（奉仕の論理）
失敗タイプ
負／負
貧乏な自己満足タイプ
負／勝
形而上

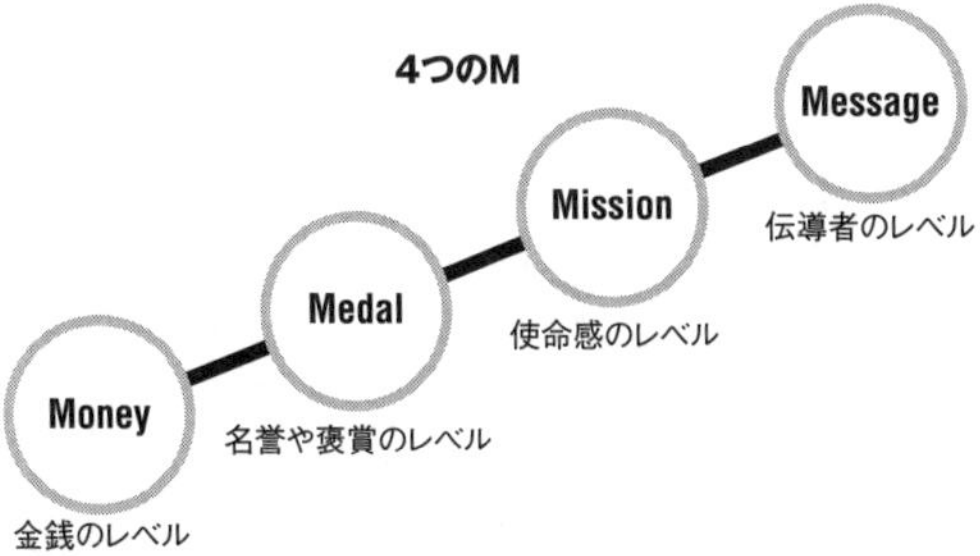
4つのM
Message
伝導者のレベル
Mission
使命感のレベル
Medal
名誉や褒賞のレベル
Money
金銭のレベル

に生きることができるかに〝こだわった〟人にだけ最終的なサクセスロードは拓かれていく。そこには「四つのM」という段階がある。

最初はマネー（Money）のレベルからスタートする。

わたしは借金をもってプロセールスの世界に入ったので、マネーのレベルで励まざるを得ない状況だった。

そのときは一人でも多くの人に会って熱心に説明し、一件でも多くの契約をお預かりしようと最大の努力をしてきた。

次はメダル（Medal）である。「褒賞」のレベルだ。わたしはマネーもメダルも目標をもって達成することができた。自己完成論理の中にある自己実現願望そのものを満たせたのである。

次のレベルがミッション（Mission）だ。この段階でわたしは、組織者としてメンバーを自分の水準にまで引き上げることに全力を注ぐことになった。「衣食足りて礼節を知る」。使命感の段階である。

そして、いまはメッセージ（Ｍｅｓｓａｇｅ）の段階に入った。「伝達力」のなかでは、最上位の段階である。いまの仕事を続けられていることに感謝し、まさに天職だと思えるからこそ、無心になって〝伝える〟ことができる。

こんな話がある。遠い昔のこと。アメリカのキリスト教の宣教団体が、アフリカへ宣教師を派遣しようとした。

「誰か行ってくれる者はいないか？」

生きて帰れる保証はない。しかし、そこに居合わせた宣教師たちは皆一斉に手を挙げた。

「はい！　わたしをお遣わし下さい」「わたしもぜひお願いします！」。

こうして第一陣がいくつかのグループに分かれて、アフリカに旅立った。ところが、数ヵ月過ぎても連絡がなく、全員消息不明で誰もが殺されてしまったと思った。

しかし、あきらめはしない。どうしても伝えなければならないものがある。どうしても伝えたいことがある。第二陣の結成である。

「誰か行ってくれる者はいないか？」

「はい！　わたしをお遣わし下さい」「はい！　わたしもお願いします」

パッパパッパパッと手が挙がる。これはもちろんお金のために行くのではない。褒賞のために行くのでもない。**どうしても伝えたいメッセージ**のために命を懸けて取り組む生き様姿勢そのものだ。

「伝達力」の最後のレベルは**メッセージ**だ。感動を生む生き方とは、私利私欲ではなく、目の前にいる人のために「自分は何ができるのだろう」と、自分の職業に対して真剣になって取り組むことだ。そのために、まず自分を最高のモデルにし、自分のレベルまで下の人を引き上げていこう。

その後、アフリカには宣教師たちが派遣され続けた。

第二陣もまた音信不通。第三陣、第四陣、第五陣……。

そして、いまのアフリカにはキリスト教会はもちろんのこと、西洋式の幼稚園も、設備の整ったすばらしい病院もたくさんできている。文明が入ることにはマイナスもあるかもしれないが、プラスの面もたくさんあるに違いない。

「命を捨ててでも伝えたいものがある」

これが一〇〇パーセント、クリーンな「伝わる力」。まさに「伝達力」そのものだ。

「伝達力」の本質は「ミッション」であり、「メッセージ」なのである。

真心で話せば心に届く

「心で話せば心に入る」

「頭で話せば頭に入る」

「口先で話せば口先だけのものになってしまう」

物心ともに豊かな人生を生きる秘訣は〝周りの人々を豊かにする〟ことである。

「自分が幸せになりたければ、周りを幸せにする」

「自分が成功したければ、周りを成功者にする」

成功するためには、成功するための方法を学ばなければならない。当たり前のことなのに、多くの人はできるだけラクができる、上手い方法を見つけようとしている。

わたしは真剣に自己開発をしてきた。数千冊の自己啓発本を読んできた。

わたしの人生とは自己開発そのものだ。

豊かになりたいと願い、勉強し、結果豊かになった。

当社には、たくさんの人たちが学ぼうと足を運んでくれているが、わたしは、そのなかで最も勉強する人間でありたいと思っている。

そして、「とことん自分と向き合い、毎日を真剣に生きていくこと」を実践していきたいと願っている。

これこそが成功の秘訣だと確信しているからだ。

そして、自己イメージを上げるのも下げるのも、自分の言葉、毎日の習慣、日々の実践・行動が関わってくると思っている。

絶えず明確な目標を設定し、口にしながら計画化し、実践する。これをわたしは毎日手帳を使って繰り返してきた。

社会に出たときは溶接工見習いだったわたしが、一歩一歩段階を追って夢を実現してきたからこそ、自己開発することで人生が切り拓かれていくと絶対の自信をもって言える。

そして、セールスという仕事、マネジメントという仕事、コンサルティングという仕事を、誠実に真剣に「毎日が勝負」と思って取り組んできた結果、「伝達力」を身につけることができた。

「成功は成長の果実である」

ここまで読んでこられた読者の方々には、「伝達力」をご自身の人生に最大限活かしてもらいたいと心から願っている。

伝達力で他人の人生に寄与する

「成功とは、他の人々の基本的欲求充足の手助けをしながら、自己の定めた目的・目標を、自らの意思で実現していくことである」

真心で相手に接し、相手を幸せにすること。

相手を成功させること。

相手を物心ともに豊かな人生に導くこと。

それが「伝達力」を携えて、人の人生に寄与する人の責任である。

一人ひとりが豊かになれば、必ずこの社会は豊かになる。

自分自身の人生の土台に、まずしっかりとした「理念」を据えてほしい。

その上に将来のあるべき姿を「ビジョン」として描いていく。そこから「目標」を設定し、「計画」を立て、「日々の実践」によって一貫性をもった生き方が完遂されるだろう。


その先には必ず成功が待っている。

一度きりの人生。二度ない人生。

お互いに悔いなき人生を全うしていこうではないか。

本気で生きるも一回、中途半端に生きるも一回。

ともかく一度しか通れないこの道だ。


皆さんの人生が、幸福と、愛と、幸せと、繁栄に満たされたものになることを祈っている。

「伝達力」を高める〝一〇のポイント〟

最後に「伝達力」を高めるポイントを一〇個にまとめておく。これを活用してぜひ、物心ともに豊かな人生の実現を歩んでもらいたい。

「伝達力」を高める一〇のポイント

一．論点を明確にする

二．自分の意見をはっきりさせる

三．話す対象者を選ぶ

四．着地点を明確にする

五．コミュニケーションは明るいあいさつから

六．要点は最大で三つ

七．相手を勝たせる話をする

八．比喩や実例を多用する

九．場の空気をすばやく捉えるコツ

一〇．相手が聞く気になる下地のつくり方

一・論点を明確にする

話の論点は「なんのために」「誰を対象に」「なぜこの話をするか」を明確にする。そこから「相手にどんな成果を得てもらいたいのか」という目的に沿って進めることが的確な〝話し方の基本〟である。

必然的に論理が正しく組み立てられるので、マス・プレゼンテーションであっても筋道の通った、的確に伝わる話し方ができる。

一対一のプレゼンテーションならば、相手が論点からズレた話を始めても「〇〇さん話を戻してよろしいですか？」と簡単に軌道修正し、元の路線に戻すことができる。

論点こそ「伝達力」において最も重要なテーマである。

二．自分の意見をはっきりさせる

どんなときであっても、**「誰がどう言ったから」ではなく、「自分はこう思う」という、はっきりした意見をもつべきである。**

悪い例は、課長が自分の部下に注意をするとき、部長の権威を借りて話をするケースだ。

「君のアイデア、ぼくは良いと思うんだけど。部長がこう言っていてね。改善したほうがいいと思うけどね……。いや、ぼくはそうは思わないんだよ、誤解しないでよ」

こう言えば部下からの反発があったときに収拾がつかなくなりかねない。

「でも課長はいいと思ってるんじゃないですか？　なら部長にもきちんと

伝えて下さい」

伝達力を発揮したいのなら、自分が相手からどう思われるか、損得で考えずにあくまでストレートに表現すべきだ。

「今回の提案は、正直に言ってそのまま受け入れることはできない。目的に対してこの仕事の進め方では、ぼくの経験上、期待外れの結果になるだろう。そのときになって、結果的に君を責めることをしたくない」

相手にどうして欲しいのか。欲求をストレートに適切に伝えることだ。セールスにおいても、マネジメントにおいても、プロのスピーカーとして話をするときにも、まず「自分の意見や考え」をしっかりと土台に据えることが基本である。人を動かすためには根底に〝信念〟が求められるのだ。

三. 話す対象者を選ぶ

「どうしたら目標達成ができますか?」とよく聞かれる。答えは明快だ。目標に向かって生きればいい。

わたしは、自分自身の「目標達成」のために話す場を厳選している。色々なところで「話をして下さい」と頼まれるが、目的に沿わないところでは話をしないし、なるべく自社の戦略的目標達成プログラム『頂点への道』講座の対象となる方々の前で話すように心掛けている。

もし、そこから外れたところで話すことになったらボランティアである。純粋に話をしたい対象者がいることが前提だが、手弁当で出かけ、お金は一銭もいただかない。もちろんプライベートの時間で動く。決してビジネスの時間に請け負うことはない。

長年、話すことを生業としてきたわたしは、自分自身の時間当たりの付加価値を最大にすると割り切っている。話す対象者を絞り込まない限り、ただ時間の切り売りになってしまう恐れがあるからである。

一日の研修を請け負って話すと約五十万円いただくことになるが、単純にその仕事をしていただけでは二十日動いても一千万円にしかならない。年間で一億二千万である。これでは百名を超える社員を到底養うことはできない。

たとえば、研修後にタイムマネジメントの概念が凝縮された手帳を使っていただく。また、その手帳を使った研修を企業に導入する。技術をモノに変えてビジネスとして反映させている。その企業内で目標達成の技術を教える社内インストラクターを育て、ロイヤリティが入ってくるような仕組みをつくることもある。

「**時は金なり**」という言葉があるが、その場限りの仕事では最終目標は達成できない。連綿と続いていくことをめざして仕事のマネジメントをしている。

目的なく話すことほどくだらないことはないとさえ思っている。ひたすらプロに徹することだ。反対にプライベートでは寡黙である。口は重く、決しておしゃべりなほうではない。話したいから話すというのはアマチュアだ。

四．着地点を明確にする

単なる知識の伝達か、相手の行動変容までを求めるかで、話し方、トレーニングの方法、プレゼンテーションのスタイルまで大きく変わってくるとこれまでに何度も述べてきた。話す際には到達点を「どこ」にもっていきたいのか、明確な目標設定が問われるのだ。

わたしのセールスにおけるプレゼンテーションの到達点は明快だ。「YES！（＝成約）」である。すべてのトークは目的に向かって組み立てられている。

マネジメントも同じである。部下の目標を明確にしたうえで〝勝たせること〟を最終到達点に話していく。

「目標達成に役立つことは重要、目標達成に役立たないことは重要ではない」

話の着地点を明確にするためには、これが判断基準になってくるのだ。

先日、電車で地方出張へ行った際に、隣りに座っている自社の幹部へ次のような質問を投げかけた。

「社員たちにどう接すれば、もっとよい職場になると思う？」

彼は、「こういうことを改善したらいい」といくつかアイデアを出してきた。わたしは手帳を開き、手帳の左ページに挟んである「しおり」を見ながら彼の提案を書いていった。

すると、彼はわたしの手元を見て驚いた顔をしている。「しおり」には、今年の企業経営者としての目標が要約されている。わたしは、彼の発言のうち、しおりに書かれた目標達成に役立つことだけを書き、それ以外は外していたのである。その作業に対する純粋な驚きであったようだ。わたしは彼に教えた。

「これはマネジメント及び人生における成功の極意なんだ。目に見えない思考が目に見える現象をつくっているんだよ」

「話す目的」には、対象となる人に「最終的にどうなってもらいたいのか」「求める成果を得ることができるのか」という到達点があることをつねに頭から離してはいけない。

五．コミュニケーションは明るいあいさつから

すばらしいあいさつのできる人間は、必ずよりよい人生を送っているものだ。

「おはようございます」「こんにちは」「ありがとうございます」「さようなら」。

この基本的なあいさつができるか否かで、話の伝わり方が大きく変わってくる。わたしは人前で話す際にも第一声は必ずあいさつから入る。「皆さん、こんにちは」と明るく力強いあいさつをすると、お客様からも返していただける。あいさつは心構えの反映である。

「当たり前のことを特別に熱心に、しかも徹底的にやり続ける」

「凡事徹底」とはまさに人生の基本だ。スタッフが率先してすばらしいあいさつをするオフィスというのはよい会社である。

わたしの顧問先でも、来訪者の顔を見るなり「おはようございます」「いつもお世話になっております」と皆がサッと立って爽やかなあいさつをする企業は業績が伸びている。反対にお邪魔をしても（断っておくがこれはわたしの顧問先ではない）、皆が下を向き、目だけジロッと動かすだけのオフィスは、経営者の社員教育が怠慢である証拠だ。「顧客第一主義」を教えていれば、あいさつひとつとってもすばらしい態度になって現れてくるはずである。

あいさつについては、自分の子どもに対しても厳しく教えている。息子にはよくこう言っている。

「あいさつはすべての基本なんだよ。『ありがとうございます』という感謝の気持ちが人間関係で一番大事なんだよ」

そもそも好かれていなければ、自分が何かを伝えたいと思っても誰も聞いてくれない。あいさつは好感度のバロメーターである。

六．要点は最大で三つ

「今回のミーティングは時間が三十分しかないので、まず議題を明確にします」

仕事のできる人が主導する会議はこんな一言から始まる。ポイントを最初に提示しておけば議論を明確にする効果が高い。

電話をするときでも、あいさつをしたら「本日お電話させていただいたのは、二点ありまして……」と最初に案件の数を言ってしまう。「一点は何々の件、もう一点は何々の件、このふたつの件について話をさせて下さい」と切り出す。

わたしは、多くても三点以上の話はしない。五点や六点になると、相手の意識が分散してしまうからだ。最大三つ、できることならふたつくらいに絞るほうが、相手は最初からグッと集中してくるものだ。

結論を提示した話は、最終的に「落とし所」が見えているから、逆算して組み立てやすいメリットがある。話は「最大でも三点」とおぼえておけばいい。

七．相手を勝たせる話をする

わたしは「長所進展法」を心掛け、ほめることの名人でありたいと思っている。もちろん時として厳しい指摘もするが、相手の自己概念（その人自身の人間としての尊厳の度合い）を下げることや、相手をマイナスに貶めたり、心を傷つけるようなことは決してしない。

その代わりに要求をしていく。「こうして欲しい」「わたしはこれを求めている」と力説する。ただし、目的はあくまで相手を勝たすことである。「勝ち負け」ではない。「勝ち勝ち（Win-Win）」の関係だ。そのため厳しくなることもあるのだ。

「相手が幸せになるために」

「相手が成功するために」

「ひたすら相手のために」

これがプロのポジショニングである。

八．比喩や実例を多用する

共鳴・共感を呼ぶ話のポイントは、具体性である。よく知られたセールス教育で使われるたとえを紹介しよう。**「アフリカに行った靴屋の話」**である。

あるとき、靴屋のセールスパーソンが二人、アフリカへ靴を売りに行った。A社のセールスパーソンは、裸足で歩いている現地の人たちを見て「これは、ダメだ。この市場には商機なし。靴は一足も売れない」と見極めて「すぐに帰ります」と本社に伝えると早々に引き上げてしまった。

B社のセールスパーソンは同じ光景を見て「やった！　この市場は無限大だ！」と飛び上がって喜ぶと「とてつもないマーケットを見つけまし

た！　いますぐ靴を五千足送ってください。しばらくは帰れません」と興奮冷めやらぬ様子で本社へ電話をした。

事実は、裸足で歩いている人たちがいただけだ。その光景をA社のセールスパーソンは否定的な知覚で、B社のセールスパーソンは肯定的な知覚で捉えた。

いまアフリカへ行っても靴を履いていない人を探すほうが難しいだろう。靴は足を守る大切なもので、一度履いてみて便利さがわかれば、もう裸足には戻れない。自明の理だ。

わたしは、セールスにおける〝見込み客開拓の障害や恐れ〟がセールスパーソン自身の「ものの見方・考え方」にあることを知ってほしくて、このたとえを使う。**「事実は一つ。解釈は無数である」**ことを具体的に教える比喩だ。

お説教のように概念だけ、表面上の言葉だけで伝えようと思っても相手の理解は得づらいが、たとえ話をひとつするだけで相手の心へまっすぐに届いていく。

「ものの見方・考え方」である「思考の枠組み（パラダイム）」を変えてもらいたいときには**「大酒飲みの父親に育てられた双子の兄弟」**のたとえ話も使う。

あるところに双子の兄弟がいた。彼らの父親は大酒飲みで家庭を顧みず、兄弟は劣悪とも言える家庭環境下で全く同じように育った。

やがて兄は父親と同じような大酒飲みになり、一家は離散、破滅型の人生を送ることになった。対して弟は禁酒家になり、アルコール依存症専門の弁護士としてすばらしい家庭を築き上げ、祝福された生涯を送ることができた。

あるときこの兄弟に同じ質問を投げかけた人がいる。

「あなたはなぜこのような人生を送ることになったのだと思いますか？」

全く違う人生を送った二人は、いみじくも次のように答えた。

「あんな父親に育てられたなら、こうなるしかないじゃないですか！」

人生は、その人の「判断・選択・責任」の繰り返しで成立している。わたしはどのような人であっても**「人生は選択だ！」**ということを伝えたいがゆえにこのような比喩を用いるわけである。

プロとアマの差は、いかに対象者となる相手に合わせた話ができるかにかかっている。そのためには、つねに相手をうなずかせるたとえや実例を用意しておかなければならないのだ。

九．場の空気をすばやく捉えるコツ

話してはならない時があり、話してはならない場所がある。その場の空気を読み違えると、時に大変な痛手を被る。

人間関係の達人たちは皆、場の空気を読むことに長けている。ところが、世の中には、なぜか感性が微弱な人たちがいる。

人が電話をしている最中に部屋へズケズケと入ってきて、「今、いいですか?」と一方的に話しかけてくる人。

ミーティングルームで、部下の個人的な悩みを真剣に聞いているときにトントンとノックをし、「すみません、もう出かけるので一〇分だけ話してもいいですか?」と自分の都合を優先する人。その場の空気が読めない〝困った人たち〟である。

以前、わたしがセールスマネジャーをしているときに、人の何倍も努力し、一生懸命なのに全くアポイントメントを取れないメンバーがいた。わたしは不思議で仕方がなかった。トークは教えたとおりにやっているし、能力が劣っているわけでもない。ところが全然アポが取れないのである。

彼をなんとかしようと自宅に呼んだ際に、謎が解けた。ある夏のことだった。

彼は部屋に上がるなり、いきなり冷蔵庫を開けるとコップにトットットッと麦茶を注ぎ、「マネジャーいただいていいですか?」と言ったのである。

「あれ? こいつなんか変だなぁ……」とは思いながらも、まだ事の真相を完全には理解できずにいた。

しばらくして彼をなんとか成功させたいと思い、真剣に仕事について話をしている最中に、彼はわたしのタバコをパッと手に取って口にくわえるとライターで火をつける直前になって「あの、マネジャー一本いただいていいですか?」とぬけぬけと言うではないか(わたしはタバコをやめて三十年以上たっているが、当時は吸っていた)。

「こいつがアポを取れない理由はコレだ!」と合点がいった。電話による顔の見えない三分間のプレゼンテーションでも、相手の心の動きや機微がわからない人間は、相手が出しているシグナルを感じ取ることがないし、コミュニケーションを上手にとれない。話している相手も、自然にうっとうしくなり「もう結構です」と電話を切ってしまう。

わたしは「きみはセールスにはあまり向いてないね」と言った。滅多に口にすることのない言葉である。感性の鈍い人は、ひどい苦労をして涙を流すなど、苦悩の体験をもたないかぎり磨かれないものだ。感性はその人の知覚、世界の見方であり、それを変えるのは一筋縄ではいかない。

しかし、後日談がある。彼は結局セールスには向かず会社を辞したが、電気工事の専門会社に再就職して大成功を収めた。元来ひとつのことに一生懸命、黙々と取り組む能力は備わっていたのだから、そういった仕事が性質に合っていたのだろう。

場の空気が読めないと「伝達力」の達人になりにくい人もいるという一

例だ。

一〇．相手が聞く気になる下地のつくり方

「人は外側の情報で動くのではない。内側からの遺伝子の指示に従って動かされる存在である」

第一章で述べたウイリアム・グラッサー博士の話だ。人は自身が求めるものを手に入れるために行動していく存在なのである。

「相手の求めるものを与え、自分が望むものを手に入れる技術」

これがプロのスキルだと口をすっぱくして言ってきた。相手が欲しがっている話をする際に考えなければならないのは、自分が相手にとって価値ある存在として受け入れてもらえる「下地」をつくることだ。相手に「こ

の人は自分にとって役に立つ存在だ」と思われなければ、相手は聞く姿勢をもたない。当たり前の話だ。

聞く姿勢のない人に一生懸命に話をしても時間の無駄である。四つのステップを踏んで下地をつくっていくといい。

STEP❶
「あなたに対して、わたしはこういった貢献をしていきたい」という思いをもち親身になって、誠実に、熱心に、好感度一〇〇パーセントで接して相手に聞く姿勢をつくってもらう。

STEP❷
相手が「どうなりたいのか」「何を求めているのか」といった質問で探りを入れる。

STEP❸
「いま何をしているのか」「いままでどんなことをしてきたのか」という「事実」に焦点を当てる。「どう感じているか」「どう思っているか」という解釈とは異なる。

STEP ❹

相手が求めているものと実際にしていることのギャップを本人に気づかせて、自己評価をしてもらう。求めているものと現実とのギャップが大きければ大きいほど、その人はフラストレーションに悩んでいる。その差が空いたところに適切な情報を提供すれば素直に入っていく。

文庫版新章

実践！　こころに響く話し方

伝達力は聴くことから発揮される

人の気持ちがわかる。自分の気持ちを相手に伝える。お互いが求める最終成果に対して意思疎通を図り、達成していく。これがビジネスにおけるコミュニケーション力である。

人生の目的は幸せになること。しかし、そのテーマは人それぞれ異なる。コミュニケーション力を高めるとは、お互いの欲求を満たしながら、お互いにとって望ましい成果をつくる関わり方を学ぶことである。

すなわち本書でこれまで述べてきた外的コントロール的なアプローチではなく、内的コントロール的なアプローチである。本章では、本書で述べてきたことを身につける心構え、方法を紹介していく。

人は誰しも「自分は正しい」と無意識に思い込んでいる。この前提が伝達力を身につける障害になる。

まず「相手の立場に立つ」、次に「自分の伝えたいことを整理しておく」、そして最後に自分が間違っていたときには「非を認める寛容さ」があれば、どんな相手とでも、上手くコミュニケーションが取れるだろう。

コミュニケーションがうまい人のイメージには、柔和、寛容、思いやり、配慮、傾聴といった言葉が出てくる。独りよがりではなく、じつに相手の話をよく聴いているのだ。

では、人の気持ちがわかるようになるためには、どのようなトレーニングをすればいいのだろうか?

会話をしながらお互いのイメージをすり合わせていく意識で質問をして、相手から情報を得るのだ。そして、お互いにとって望ましい成果の仮説構築をする。知覚のすり合わせが上手な人はコミュニケーションに長けている。知るべきは相手の考えていること、求めているものだ。

響くとは共感を創り出すことである。こころに響く話し方とは、一方的に何かを伝えるのではなく、相手の望みを自分の望みとして双方向でやりとりをすることである。相手の望みに焦点が合っているときは、どんな人でも名スピーカーになれる。

わたしは講演を依頼されたとき、必ず主催者に「来場者はどんな方たちか」「何を望んで来ていただけるのか」を質問する。どんなに知識があってもすぐれた講演家になれるわけではない。時に独りよがりになってしまうからだ。一流のスピーカーほど聴く力が高く、相手の願望がわかるので聞き手とのあいだに共感をつくれる。

職場で成果を創造する人間関係をつくる

管理職にもなればさまざまな願望をもつ部下を一つの成果のためにまとめて業務を進めていくことになる。仕事のおぼえが早く期待をかけている部下もいれば、「なぜこんなこともできないのか」と思ってしまうような部下もいるかもしれない。

前述したとおり、人は自分の欲求を満たす「イメージ写真」を現実世界に求めて行動する。そのイメージ写真が手に入らないと、フラストレーションを感じる。部下に対して「もっと頑張って欲しい」という感情を抱くことは当然だ。一方で、目標達成できていない部下に対して「なぜ、努力しないんだ！」と厳しく責め立ててしまうこともあるかもしれない。

しかし、「成果を出すということ。そのために仕事をすること」が部下の上質世界に入っていなければ、すれ違いが起こり、関係が悪化するだけでなく、チームとしてのパフォーマンスも下がってしまう。

人は皆異なる願望をもっているのでどんな状況であっても、違いからくる衝突は生じる。その衝突をネガティブに捉えるのではなく、**互いに創造性を発揮していき、問題解決する成長の機会**だと捉えていただきたい。

また計画が必ずしもうまくいかず、トラブルが起こったり、想定よりもずっと時間がかかってしまうことがあるかもしれない。

計画を立て直す際には、「言い訳する機会をつくらないこと」が大切だ。人が言い訳をするのは「責任から逃れるため」である。

焦点を当てるべきは過去ではなくつねに現在だ。 すなわち「うまくいかなかった『理由』を問題にしない」ことである。過去に焦点を合わせて

「なぜできなかったのか？」ではなく、成し遂げるためには「何を」「いつ」するのかプロセスを具体化していく質問が目標達成には効果的である。

言い訳をする人間ほど、他者の言い訳に対して寛容だ。上司が言い訳をしない職場では、部下も自然と責任逃れをしなくなっていく。職場から言い訳をなくし温かい人間関係のなかで目標を達成していくために、まずは上司が責任感をもって業務にあたることである。

もちろん、日々忙しく仕事に追われるなかで、部下には成長してほしいと望んでいるものの、ついつい「なんで言ったとおりにできないんだ！」と怒鳴ってしまったり、自分でやったほうが早いからと仕事を任せきれずにいるかもしれない。

いつのまにかコミュニケーションのために部下を飲みに誘っても誰もついてこない……。独りよがりな仕事の結末は人間関係の断絶である。

どうすれば部下と円滑なコミュニケーションを取り、連帯感のあるチームをつくれるのか？ グラッサー博士は『クォリティスクール』（柿谷正期訳、サイマル出版会、一九九四年）という書籍の中でボスとリーダーの違いについて述べた文章を引用している。

・ボスは駆り立て、リーダーは導く
・ボスは権威に依存し、リーダーは協力を頼みとする
・ボスは「私」と言い、リーダーは「私たち」という
・ボスは恐れを引き出し、リーダーは確信を育む
・ボスは恨みをつくり出し、リーダーは情熱を生み出す
・ボスは責め、リーダーは誤りを正す
・ボスは仕事を単純にし、リーダーは仕事を興味深いものにする

普段の仕事のなかで、自分の部下に対する態度はリーダーなのか、それ

ともボスになってしまっているのか。「部下にとって自分はどんな存在なのか」をふと立ち止まって考えてみてほしい。少し恥ずかしさもあるかもしれないが、部下はどう感じているのかを直接聞いてみてもいいだろう。

一人ひとりが違った考えをもち、個性も異なるため、それぞれに合ったコミュニケーションを図るべきなのだ。同時に、自分の上司に対しては「もっとこうしたほうがいいのに……」という思いを抱えたことがある方も少なくないだろう。

部下と円滑にコミュニケーションするといっても人間関係のみを重視するのではなく、ある面では部下や後輩に自立を求める厳しさも同居させる。

なぜなら自信は与えることができないからだ。自信とは本人が努力した結果として実感するもの。思い込んで行動し、行動によって成果が出て、成果によって自信がつき、信念が形成されていく。そのための仕組みをつくるのがマネジメントの本質である。そのなかで自己実現していく部下の姿を見れば、人の可能性を引き出すことができるという一人では味わうことのできない仕事の楽しさや大きな喜びが見えてくる。

部下のやる気を起こさせる方法

注意すれば落ち込む。ありのままを認めてほしいのはわかるけれど、努力も足りず感情的に部下を認められない

部下をもったことのある方なら、このような気持ちを抱いたことがあるかもしれない。時にはイライラして部下にきつく当たってしまい、振り返ってみると、自分の対応を後悔してしまうような苦い経験をしたことは管理職なら一度はあるだろう。

部下育成やマネジメントに関する情報は、世にたくさん出回っている。部下に対して憤りを感じたときには、どのように対処するのが望ましいのだろうか？

マネジメントで大切なのは**職場から恐れを取り除くこと**である。部下の頭の中に恐れがあるときには、仕事に対してもやらされている感覚をもち、会社に対しても帰属意識をもちにくい。

部下それぞれのもつ可能性を最大限に引き出し、組織の目的・目標を達成していくためには、「部下が何に対して恐れを抱いているのか」を知る必要がある。そのために上司である自分が「部下の恐れをつくり出している行為はないか」と省みることも大切だ。

「部下のミスに対して、改善のためのフィードバックにとどまらず、次々と過去の失敗も掘り返してしまっている」「自分と意見がくい違ったときに、部下を批判してしまう」「部下のチャレンジや成果に対して承認できていない」など、思いつくかぎりのことを挙げてみよう。

また目的を振り返ることも大切である。部下に何を求めているのか？　部下は自分の手足ではない。まだ自分で考える力のない部下には答えを出せるよう情報を与える、自分で考えて答えの出せる部下には任せて主体的に取り組ませる。相手に合わせて言い方、任せ方を変える必要がある。

まさしく「人を見て法を説け」で、相手に響かないのは次の四つの理由からだ。

・相手が求めていない情報を提供している
・難しい表現をしている
・伝えるタイミングを逸している
・相手の知覚（背景、前提）を想像できていない三歳の子どもと四十歳の大人に対するコミュニケーションが異なるように、部下に対しても相手に合わせた話し方をしなければ伝わらない。

部下から「なぜそんなことで悩むのか？」というような相談を受けた。どう答えたらいいのか？

まずは相談してきてくれたことに感謝しよう。

質問や相談の内容によって、相手の思考の深さ、視座が見える。丸い穴には丸い杭を打たなければならない。相手は自分に関心があるので、相手の考えを尊重しながら、適切にサポートをして挑戦を促していく。誰もが物心ともに豊かな人生を望んでいる。そのための方法や仕組みをつくるのが上司の仕事だ。そのなかで自己実現していくのは部下の努力である。

マネジメントのできない人は部下に見通しをもたせることができない。

我が強いので他人を抑圧するようになる。どうしたら部下をよくできるかと考えるのが、すべてのスタートである。そう考えると、その方向に知恵が出てきてサポートもできる。

人間良いときもあれば悪いときもある。自分に利する話をしても相手には響かない。相手の望みを叶えることを自分の望みとする。

もちろん、相手のために話をしていても、八割の人は損得で判断し、自分に都合のいい部分ばかり取り入れようとする。自分の考えに合っていることに納得するのが人間だ。

相手の評価に焦点を当てず、物心ともに豊かな人生を歩むために共によりよい成果を築くという目的に対して、一貫性をもって伝えよう。誰もが幸せになりたい、豊かになりたいと願っている。皆が求めることを伝えれば、共感が生まれる。

できない後輩に注意していたら、いつも自分の顔色を窺うようになった。どうしたら胸襟を開いて話してくれるようになるのか？

部下育成には時間がかかるものだ。教師が勉強できない生徒に対して頭ごなしに「勉強しろ」と言わないように、まずは時間を共にしながら、相手の好きなことを教えてもらうことだ。上司は部下の成績に興味がある。ただ、部下にしてみれば触れてもらいたくないところだ。

働かされていると考えるからやる気がなくなっていく。連帯感を高めるのが上司の仕事である。チームで仕事をしているのだから、本人から相談をもちかけられるくらい、心の距離を縮めることに注力すべきだ。

部下が成長するまで上司は部下の分まで数字をカバーしなければならない。そして、成果が出たら、一人ひとりの努力を承認する。愛情をもって我が子のようにかわいがって自信をつけさせることが大切だ。

「いつもありがとう」

「ご苦労さん」

「今うまくいっているか？」

「何か協力できることはある？」

「いつでも力になります」

「みんなで達成しよう」

わたしは常日頃、こうした言葉をかけている。無論、テクニックは見破られる。とくにほめ言葉は見透かされたとき、最悪の逆効果になる。

こう言えばこう響くという言葉はなく、**本人の望むことを伝える**のだ。

誰だって承認されればうれしい。ただ、相手からどう思われているかは考えなければならない。洋服のセンスがよくない人から「今日の服装はセンスがいいですね」とほめられてもうれしくない。認められたいと思っている人から認められるからうれしいのだ。ポイントは事実を言うこと。朝早くから出社している部下がいたら、「毎朝始業一時間前には来て準備をしているのはえらいな。働く姿勢がいいな」と事実を言語化することが、人のやる気を高める秘訣である。

初対面同士の場で一目置かれる方法

社交の場で初対面の人間同士であいさつをするとき、グループで一目を置いてもらうためには何を話せばいいのか?

人には自尊心がある。だからこそ、つねに敬意をもって相手を尊重する必要がある。初対面同士の場では、まず相手のことを知るための質問をする。なぜこの場に来たのか、主催者との関係、共感しているところ、職業、出身地、趣味、親しい人、どんなことでも構わない。**自分との接点を見つけるように努力する。**

質問をして答えてもらったら、またあまり間を置かずに質問をする。これを繰り返して徐々に場が温まっていく。人は自分に関心をもってくれている人に好意を抱くものだ。

相手が一方的に話すのであれば、聴くだけでもよい。聴いていないと話せない。相手から質問されたことに答えるようにしよう。

「自分はこんな仕事で成果を出しました」「こんな人と親しくしています」。自己主張しても相手が共感してくれるとは限らない。つねに自分よりも一つレベルが上の人と話しているつもりで、よい格好をしないよう、誠実に、配慮して尽くすことが結果的に一目置いてもらう秘訣である。自然体がよいのだ。

わたしは自分と出会った人に損をさせたくないという気持ちが強くある。

だから、**つねに相手の願望実現のサポートにポジションを置く。**時には自分の納得できないことや、何度も同じ話を繰り返し聞かされることもあるかもしれない。ただ相手の面子を潰すようなことは率直には言わず、「勉強になります」の一言で十分なのだ。いつもお互いの幸せに向かった発言をしていくことだ。

無口な人、ひねくれた人との対話の仕方

何を話しても冷たく事務的な態度で接してくる同僚。どうやって距離を縮めていけばいいのか？

誰もが友好的に話してくれるとは限らない。時にはクールで斜に構えて

いる人間と話す場面もある。親和性に欠ける人はいるものだ。人の気持ちに寄り添わず、客観的に分析ばかりしているタイプである。

相手がそっけない態度でも、自分が影響される必要はない。「(自分が)相手との距離を縮めたい」と思えば、「どうしたら仲良くなれますか?」と、笑顔で率直に伝えよう。

こちらが何かを投げかけても、無口で会話のキャッチボールが成り立たない人もいる。この場合は、自分に関心がないのか、表現があまり上手ではないのかわからないので、趣味や休日の過ごし方など、答えやすいものを尋ねるのがいい。

徳のある人ほど友好的で、周りを活き活きとさせる。クールであっても、無口であっても、自分が安心して話せる人と付き合うのが得策だ。

レベルが上の人と何を話せばいいのか

格上の人ばかりの場で末席の自分に話せるようなことがない。無言もつらいのでどうしたらいいのか？

ビジネスの場においてはとくに位負けしていると感じるときがある。相手に対して敬意を払いつつも、その人は過程で多くの失敗を重ね、判断の質を高めたから今があると知ることだ。

生まれついての成功者はいない。もちろん、地頭がいい、記憶力がいいといった能力の差はある。ただ、社会に出て成功する人間の共通項は、人を動かせることである。わたしは生まれが貧しく、悔しさや見返したいという気持ちをバネに、豊かになろうと挑戦してきた。毎日が真剣勝負で、必死に成果へ向かう途中では自己中心性が相手に伝わり、協力を得られない経験もしてきた。

目標達成できると思い込むことで成功体験を積み重ね、自信が形成され、その自信がさらなる挑戦の意欲を掻き立てた。結果、組織が大きくなり、社会的な責任感が身についていった。

人と共に力を合わせられる人間がもっとも成功していくのが世の中だ。自分よりも経験豊富で何もかもレベルが上の人に気後れしてしまうのは、自分に与えるものがないという自意識があるからだ。ただ**与えることは誰だってできる**。百円のプレゼントでもいい。相手のために何ができるかを考えて、話題がなければちょっとしたプレゼントをしよう。相手の望みにあるものならば、それだけで壁を破れる。

自分がどう思われるかではなく相手のために何ができるのかを考え、喜んでもらえることを優先すれば心を動かすことができる。

コミュニケーションがうまくいかないとき

順調に進めていた企画が、社内の色々な部署の状況に振り回されてしまった。状況が変わり、進めていた仕事が白紙になってしまった……。組織で仕事をする以上、なかなか自分の思うようにいかず、問題に直面することも多くある。

「なんで自分だけ……」と感じてしまうような悪い流れを断ち切るためには、自分自身がコントロールできるものと、コントロールしにくいものを明確に区別していくことが有効だ。

コントロールできる（変えることができる）ものと、コントロールしにくい（変えにくい）ものを分けるとどのようになるだろう？

□自分の表情や言動	□他人の表情や言動
□明日の予定	□残りの作業日数
□付き合う人	□自分の上司
□使う交通手段	□時間に遅れている電車

おそらく上側にすべてチェックが入ったはずだ。

職場でも、はじめから上司とよい人間関係を築けるとは限らない。自分と未来は変えられる。他人と過去は変えられない。仕事においては、多くの人と協力して業務を遂行し、成果を出していく必要がある。必ずしもすべての条件が自分のコントロール下にあるわけではなく、コントロールしにくいことにイライラしたり葛藤をおぼえても、気分が落ち込むだけで、何かよいことが起こるわけではない。

同じ仕事に従事するのであれば、気分よく生きていたいものだ。あなたが前向きであるほうが、周りの人にもポジティブな影響がある。

仕事で悪い流れを感じたときや問題に直面した場合には、「この選択は役に立っているだろうか、もっとよいことを選択できるだろうか」と自問し、コントロールできるものに対して、よりよい結果をつくり出すための選択肢がないか考え、成果やよい人間関係につなげていこうと意識してみるとよいだろう。

次に、改善を積み重ね、成果の出る組織をつくるための効果的な考え方をお伝えする。
それは相手におこなう**セルフカウンセリング**だ。相手が求めているものを明確にし、一方で今何をしているのかという行動を観察し、その行動は効果的か、もっと効果的な方法はないかを考えるというものだ。

「こんな仕事・働き方をしたい」というメンバーの願望を把握したあとは、「実際に今何をしているのか」と、現実におこなっている行動に焦点を当てさせる。そして、「その行動は求めるものを手に入れるために効果的か」と問いかけることで改善に焦点を当てさせ、実行計画を策定する。
部下が何かミスを犯してしまったときも、頭ごなしに「何やってるんだ！」と責めるのではなく、「どうしてミスをしてしまったのか」「どうしたら再発を防げるか」と傾聴していくようにする。つねに相手の言葉を引き出すようにすることで、相手の上質世界がわかり、良好な人間関係を築

「○○（部下など相手の名前を入れる）」
は何を求めているのか？

そのために「○○」は
「今」何をしているのか？

その行動は「○○」の求めているものを
手に入れるのに効果的か？

もっとよい方法を考え出し、
実行してみよう

いていくことができる。ビジネスの現場では感情を切り離して仕事をしていくこともできるけれども、悪い人間関係のなかで最高のパフォーマンスを発揮することはありえない。

セルフカウンセリングはすべての人間関係に適応できるものであり、このフレームワークを意識することで、衝突の少ないよい人間関係のもとに、目標達成に向けて方向修正・改善を重ねていけるようになる。

ただ衝突自体は「悪」ではなく、組織が進化・成長していくためには必要なものである。逆に言えば衝突のないところに成長はない。このことを忘れないでほしい。

意見の相違を話し合いながら、お互いがよりよい状態になれるよう意思疎通を図っていこう。

あとがき

この本を通してわたしが伝えたかったことは、「他の人々が求めるものを与え、自分が望むものを手に入れる技術」であり、それは「話力」あるいは「伝達力」の基本だということだ。

「自分自身を愛するように、あなたの隣人を愛せよ」

自分を大切にする心がなければ、人を大切にすることなどとてもできない。まず自分を大切にし、一定のレベルにまで徹底的に高めてもらいたい。するど、今度は自分が学んできたことを人に伝達する時期が必ずやってくる。

人生を目先の損得で考えるのではなく、長期的視点に立った設計で生きることの重要性に気づいてほしいと願って本書を執筆した。

わたしが興したアチーブメント株式会社も早いもので、二十九期に入り、わたしも六十歳の誕生日を迎えた。

創業時代から支えてきてくれた多くの社員にこの場を借りて心からありがとうと言いたい。

また、プロのスピーカーという難しい職業を選んだときから、苦難を共にしてきてくれた家族にも感謝したい。

この本をまとめるに当たり、アチーブメント出版のスタッフには力になってもらった。さらに、わたしの心友である株式会社アバンギャルドの戸田覚さんにも、本書の編集で大変お世話になった。御礼を申し上げたい。

そして、全国にいらっしゃるアチーブメント株式会社の研修を受講して下さっている皆さまに心から感謝を申し上げます。

最後になりましたが、この本を手にとって下さった読者の皆さまにもほんとうに感謝を申し上げます。皆さまのお陰で今日があります。

どうか、今後とも末永いお付き合いをよろしくお願い申し上げます。

ありがとうございました。

二〇一六年四月

青木仁志

青木仁志（あおき・さとし）

1955年3月北海道函館市生まれ。10代からプロセールスの世界に入り、国際教育企業ブリタニカ、国内人財開発コンサルティング企業を経て1987年、32歳でアチーブメント株式会社を設立、代表取締役社長に就任。

自ら講師を務める公開講座『頂点への道』スタンダードコースは講座開講以来25年間で630回開催、新規受講生は31,000名を超え、国内屈指の公開研修となっている。その他、研修講師として会社設立以来延べ34万名以上の研修を担当している。

2010年から3年間、法政大学大学院政策創造研究科客員教授として、講義「経営者論特講」を担当し、法政大学大学院　坂本光司教授が審査委員長を務める「日本でいちばん大切にしたい会社大賞」の審査委員も務めるなど、中小企業経営者教育に力を注いでいる。

著書は15万部のベストセラーとなった『一生折れない自信のつくり方』をはじめ、『「うまくいかないあの人」とみるみる人間関係がよくなる本』など47冊。うち10点が海外でも翻訳され刊行中。

代表取締役社長を務めるアチーブメント株式会社は今年29期目を迎え、新卒学生が2万名以上エントリーをする人気企業に成長し、2013年2月に日本経済新聞にて掲載された就職希望企業ランキングで総合93位、業種別では情報、広告、レジャー、ソフトウェア、教育などを含む「サービス業・その他」として13位にランクイン。

近年では、80歳でエベレスト登頂を果たした冒険家の三浦雄一郎氏のMIURA EVEREST 2013 Projectスペシャルサポーター、また、全日本F3選手権のパートナーとしての若手ドライバー育成など、目標達成に関わる個人と法人の皆様の支援に携わっている。

その他：法政大学大学院　政策創造研究科　客員教授（2010年～2013年）
一般財団法人　日本プロスピーカー協会（JPSA）会長兼代表理事
一般財団法人　ウィリアムグラッサー記念財団　理事長
人を大切にする経営学会　常任理事
公益財団法人日本オペラ振興会　理事
一般社団法人　日本ビジネス選択理論能力検定協会　会長
一般社団法人　日本ゴスペル音楽協会　常務理事
特定非営利活動法人日本リアリティセラピー協会　専務理事
医療法人社団友志会恵比寿メディカルビュークリニック　常務理事
社団法人日本ペンクラブ　正会員・国際ペン会員
東京中央ロータリークラブ会員

ブログ：http://www.aokisatoshi.com/diary
フェイスブック：https://www.facebook.com/achievementaoki

この本を読んでいただき、ありがとうございました。
ご質問等がある方は、下記のメールアドレスまで
何なりとお寄せください。
皆さまとの出会いを楽しみにしております。

青木仁志
Email: speaker@achievement.co.jp

アチーブメント出版
公式ツイッター　@achibook
公式フェイスブックページ　http://www.facebook.com/achibook

こころに響く話し方

2016年（平成28年）５月14日　第１刷発行

著者――――――青木仁志

発行者――――――塚本晴久
アチーブメント出版株式会社
〒141-0031　東京都品川区西五反田2-1-22
プラネットビル5F
TEL 03-5719-5503／FAX 03-5719-5513
http://www.achibook.co.jp

装丁・本文デザイン――轡田昭彦＋坪井朋子
編集協力 ――――株式会社アバンギャルド戸田覚／柳谷智宣
印刷・製本 ―――大日本印刷株式会社

ISBN 978-4-905154-98-3